필요할 때 골라 쓰는

OK! 비즈니스 일본어 문서작성

정형·고이시 도시오 지음

다락원

머리말

고도 정보화시대를 맞아 우리 주변에는 방대한 양의 정보가 넘쳐나고 있다. 다른 분야와 마찬가지로 비즈니스 세계에서도 그 넘쳐나는 정보 가운데서 필요한 정보를 가능한 한 빨리 전달하고 획득하는 것이 급선무가 되고 있으며 정보의 전달과 획득의 기본 수단은 역시 문서를 통해서 이루어질 수밖에 없다. 더구나 외국어인 일본어로 문서를 원활히 작성할 수 있다는 것은 일본과의 비즈니스 교류에서 아주 유리한 위치에 서게 됨을 의미한다. 한일 양국 간에는 1960년대 국교정상화 이후 다양한 경제교류가 이루어져 왔고 특히 2002년 월드컵을 성공적으로 개최한 양국은 현재까지 경제, 문화의 상호교류를 더욱 확대시켜가고 있다. 따라서 이러한 상황에서 더욱 많은 일본어 정보가 필요하게 되고 일본어 비즈니스 문서를 접하고 작성해야 하는 기회도 급증할 것이다. 정보를 전달하는 수단에는 상대와 만나거나 전화를 하는 것 외에 문서의 우송이나 팩시밀리, E-MAIL 등이 있지만 이 중에서 업무의 기본수단은 역시 문서일 수밖에 없고, 팩시밀리, E-MAIL도 역시 문서의 형태로 작성될 수밖에 없다. 그리고 일본과의 적극적인 비즈니스를 하기 위해서는 일본어 문서작성 능력이 큰 힘을 발휘하게 될 것임은 당연하다고 할 것이다.

바로 이를 위해 이 책은 일본과의 비즈니스에서 필수적인 일본어 문서작성 전반의 예와 그 작성요령을 쉽게 익힐 수 있도록 만들어졌다. 회화와 같은 일상의 일본어와는 달리 비즈니스 일본어인 문서작성은 기본형식이 서신의 형태를 이루고 있고 일본어 특유의 존경어, 겸양어, 의례적인 표현 등이 많이 포함되어 있어 일본어 초급자로서는 배우기에 다소 난해한 부분도 적지 않다. 그렇지만 일본어 서신문은 일정한 형태와 의례적인 표현이 기본이기 때문에 문형에 익숙해지면 회화나 보통 작문보다도 오히려 쉽게 작성할 수 있기도 하다. 즉 서신문의 특성상 처음부터 다소 수준 높은 한자나 관용구 등이 등장하지만 이것은 정해진 틀 안에서의 표현에 불과한 것이기 때문에 조금만 노력하면 일정한 비즈니스 문장구조를 이해할 수 있게 될 것이다. 이 책을 학습하기 위해서는 일본어의 동사나 형용사의 활용 등을 숙지하고 있는 초급 이상 정도의 일본어 능력이 요구되는데, 만약 일본어의 기초가 아직 확실하지 않은 분들은 여러 일본어 교재를 통해 수시로 동사 등의 문법적 활용 변화를 참조한다면 충분히 이 책의 내용을 이해하고 훌륭한 일본어 문서작성 능력을 갖출 수 있을 것이다.

끝으로 이 책은 다락원 일본어 편집부 여러분들의 치밀한 기획과 조언이 있었기에 출간될 수 있었다. 이 자리를 빌어 고마운 마음을 전하고자 한다.

저자 정 형, 고이시 도시오

이 책의 구성과 특징

1. 이 책 『OK! 비즈니스 일본어 문서작성』은 일본과의 비즈니스로 문서작성이 꼭 필요한 실무자를 위하여 만들어진 책입니다.
2. 이 책은 예문을 곁들인 자세한 설명을 통해 기본부터 익혀나가게 되어 있어, 비즈니스 문서작성을 처음 접하는 학습자도 부담감이 없습니다.
3. 이 책은 비즈니스 문서작성에 필요한 기본 사항, 실전 예문을 통한 학습, 상황별 다양한 응용 표현 등의 내용에 따라 세 Part로 나누어 구성하였습니다.

각 파트의 구성은 다음과 같습니다.

Part I

- **알기 쉬운 일본어 문서작성 요령** 문서작성에서 지켜야 될 기본사항을 일목요연하게 정리하였습니다.
- **비즈니스 서신의 기본형식** 비즈니스 서신의 기본형식을 항목별로 분류하여 자세한 해설과 함께 실었습니다.
- **비즈니스 문서의 경어 사용법** 존경 · 겸양 · 정중 표현에 대한 상세한 해설로 까다로운 경어 표현에 자신감이 생깁니다.

Part II

실용문서 군더더기 없는 깔끔한 실용문서로 상황에 맞는 문서쓰기뿐만 아니라 중요 표현도 학습할 수 있습니다.

어구 설명 콕 이리보고 저리보아도 알쏭달쏭 어려운 표현들을 콕 찍어 간단명료한 설명과 함께 응용 예문을 실어 한 번에 알기 쉽게 정리하였습니다.

등장 새로운 단어 문서 내용 파악에 도움을 줄 수 있는 모든 단어들을 재등장에 관계없이 순서대로 읽는 법과 함께 뜻풀이를 실었습니다.

표현 변신하기 각 과 주제와 밀접한 관계에 있는 상황에서, 유용하게 쓸 수 있는 세련된 표현들을 엄선하여, 내용별로 나누어 실었습니다.

다지기 연습 각 과에서 학습한 중요 사항을 복습합니다. 어려운 문형 연습부터 간단한 작문, 주어진 상황에 맞는 문서작성 등 다양한 연습을 통해 실력 배양이 이루어집니다.

Part III

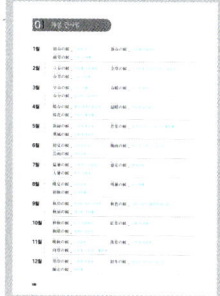

- **계절 인사말** 월별로 사용가능한 계절 인사말을 응용 표현들과 함께 정리하였습니다.
- **안부 인사말** 거래처 회사의 안부를 묻는 다양한 표현들을 모았습니다.
- **감사의 인사말** 예의를 지켜야 되는 비즈니스 문서에서 빠질 수 없는 감사의 인사말을 일목요연하게 정리하였습니다.
- **상황별 마무리 인사말** 마무리 인사말을 상황별로 세분화하여 언제든지 바로 응용 가능하도록 구성하였습니다.
- **축하장 쓰기** 축하장 쓰기 형식뿐만 아니라 승진 축하와 관련된 표현들도 익힐 수 있습니다.

- **조위문 쓰기** 일본의 문상 예절에 대한 설명과 조위 관련 여러 표현들도 함께 실었습니다.
- **초대장 쓰기** 초대장은 어떻게 쓰면 될까? 창립 기념 파티 초대장 쓰기와 함께 초대 관련 표현들도 정리했습니다.
- **안내장 쓰기** 참가하고 싶도록 만드는 안내장 쓰기를 다양한 표현들과 함께 익힐 수 있습니다.
- **백중(お中元)·연말(お歳暮) 인사장 쓰기** 독특한 일본 문화를 엄선된 예문과 함께 익힐 수 있습니다.

- **복중 문안 인사(暑中お見舞い) 쓰기** 우리에게 생소하다고 하여 그냥 넘어갈 수 없습니다. 가장 보편적이고 간단한 예문으로 구성하였습니다.
- **연하장 쓰기** 지난해의 고마움, 올해의 바람을 담아 연하장을 직접 써봅니다.
- **팩스(FAX) 보내기** 가장 일반적인 팩스 형식을 한눈에 알 수 있습니다.
- **E-MAIL 보내기** 간단하고 빠르게 이용할 수 있는 E-MAIL을 보내는 데에도 형식이 있습니다.
- **우편봉투 쓰기** 이런 봉투엔 이렇게 주소를 쓰십시오.

문서 내용 파악에 빠른 도움을 주고자 실용문서 해석과 다지기 연습 해답을 권말에 실었습니다.

차례

머리말   3
이 책의 구성과 특징   4-5
차례   6

Part I   기본부터 알고 가자

01	알기 쉬운 일본어 문서 작성 요령	8
02	비즈니스 서신의 기본형식	10
03	비즈니스 문서의 경어 사용법	17

Part II   어떤 비즈니스 문서라도 상황에 맞게 척척!!

01	신규 거래 제의	26
02	신규 거래 승낙	32
03	주문하기	38
04	가격 변경 교섭	44
05	지불 청구	50
06	납기지연에 대한 항의	56
07	품절 통지	62
08	사양서·견본 송부 의뢰	68
09	특허권 사용 허가 요청	74
10	도착물품 수량부족 조회·회답	80
11	회사설립 인사장	86
12	신제품 안내	92

Part III   다양한 표현들로 변화를 주고 싶을 때

01	계절 인사말	100
02	안부 인사말	104
03	감사의 인사말	105
04	상황별 마무리 인사말	106
05	축하장 쓰기	110
06	조위문 쓰기	113
07	초대장 쓰기	117
08	안내장 쓰기	120
09	백중(お中元)·연말(お歳暮)인사장 쓰기	123
10	복중 문안 인사(暑中お見舞い)쓰기	126
11	연하장 쓰기	128
12	팩스(FAX)보내기	131
13	E-mail 보내기	134
14	우편봉투 쓰기	137

실용문서 해석   138
다지기 연습 해답   141

Part 1

기초부터 차근차근
비즈니스 문서의
기본편

01 알기 쉬운 일본어 문서 작성 요령
02 비즈니스 서신의 기본 형식
03 비즈니스 문서의 경어 사용법

알기 쉬운 일본어 문서 작성 요령

다음은 일본어 문서 중에서도 특히 비즈니스 문서 작성 요령의 기본을 알기 쉽게 설명한 것이다. 이것은 일반적인 일본어 문장 작성에도 그대로 적용될 수 있는 것이므로 잘 알아두고 여러 가지 경우에 활용하면 좋을 것이다.

1　일본 한자 사용

같은 한자라도 한국과 일본의 한자가 다를 경우에는 일본어 문장을 작성하는 것이므로 일본 한자를 사용한다.

예)　學→学、經→経、餘→余、國→国

2　読点 사용

적당한 곳에서 일본식 読点(、)을 찍어 문장을 읽기 쉽게 한다. 전체적으로 문장을 쓸 때 일본어는 한국어보다 読点을 많이 사용한다.

예)　せっかくのご注文ですが現在当社には在庫がございません。

→ せっかくのご注文ですが、現在当社には在庫がございません。
(모처럼의 주문입니다만 현재 당사에는 재고가 없습니다.)

한국어 문장의 경우 띄어쓰기가 있으므로 〈주문입니다〉 다음에 쉼표를 넣지 않아도 의미 전달에 어려움이 없으나 일본어의 경우는 〈ご注文ですが、〉와 같이 読点을 넣어 명확하게 의미를 전달하는 것이 보통이다.

3　문장체 통일

「〜です・〜ます」가 사용되는 정중체 문장에서「〜だ・〜である」와 같은 보통체 문장이 함께 사용되지 않도록 주의한다.

예)　せっかくのご注文だが、現在当社には在庫がございません。

→ せっかくのご注文ですが、現在当社には在庫がございません。

4 단어의 표기 통일

같은 단어가 반복해서 나올 경우 한자나 平仮名(ひらがな) 중 하나로 통일하여 표기한다. 일본어 문장에서는 특별히 어려운 한자가 아니라면 기본적으로 한자로 표기하는 것이 보통이다.

예)   これまでのかかくを維持することが難しくなり、やむなく価格改定をお願いするようになりました。

→ これまでの価格を維持することが難しくなり、やむなく価格改定をお願いするようになりました。
(지금까지의 가격을 유지하기 어려워져, 어쩔 수 없이 가격 개정을 부탁드리게 되었습니다.)

5 送りがな 통일

한 문장 안에서는 한자의 훈독방식인 送(おく)りがな를 통일하여 사용한다.

예)   表す / 表わす、行う / 行なう

6 상용한자 사용

문장 안에서 한자와 平仮名의 사용이 어느 한쪽으로 치우치지 않도록 주의한다. 또, 한자 사용에 있어서는 常用漢字(1945자) 안에서 사용하는 것이 원칙이므로 사전 등을 통해 잘 확인하도록 한다.

예)   当社製品に就きましてお問い合わせを頂き、誠に有り難う御座います。

→ 当社製品につきましてお問い合わせをいただき、まことにありがとうございます。
(당사 제품에 관해 문의해 주셔서 진심으로 감사드립니다.)

반드시 위의 예처럼 써야 하는 것은 아니지만 대체로 위와 같은 문장이 보통이라고 보면 된다.

7 뜻에 맞는 한자 선별 표기

같은 단어라도 한자 표기에 따라 여러 가지 의미로 사용될 수 있으므로 적당한 한자 표기에 주의를 기울여야 한다.

예)   超える / 越える、始め / 初め、取る / 採る / 撮る、送る / 贈る、有る / 在る、表す / 現す

비즈니스 서신의 기본 형식

비즈니스 문서의 구성은 대체로 문서 시작 부분, 문서 본문, 추가 부분(부기)으로 나누어지며 더 자세히 분류하면 아래의 ❶~⓮의 요소로 이루어진다. 이중에서 ⓫이 문서의 핵심이 되는 중심문이고 그 외의 부분은 형식적이고 관용적인 인사말(挨拶表現) 등으로 이루어진다.

A
- ❶ 문서 번호
- ❷ 발신 연월일
- ❸ 수신처, 수신인
- ❹ 발신처, 발신인

B
- ❺ 제목
- ❻ 시작말
- ❼ 계절 인사
- ❽ 안부 인사
- ❾ 감사 인사
- ❿ 전환하는 말
- ⓫ 본문
- ⓬ 마무리문
- ⓭ 맺음말

C
- ⓮ 추가문

```
                                            ○○第○○号❶
                                         2018年 ○月 ○日❷
○○○株式会社❸
  ○○部長   ○○○○様
                                         ○○商事株式会社❹
                                         営業部長  ○○○  ㊞

                        ❺○○について

拝啓❻ _____❼_____
_____❽_____❾_____
   さて❿、_____⓫_____
_____
   まずは⓬、_____
                                          敬具⓭

                        記⓮
   1.
   2.
   3.
                                          以上
```

각 구성요소 해설

A 문서 시작 부분 ❶~❹

1 문서 번호   오른쪽 상단에 위치한다

이것은 한국 문서도 마찬가지인데, 발신자측의 조직 규모가 커서 발신 문서가 많을 경우에는 문서의 내용과 종류를 발신자에 맞춰 분류하고 기호나 번호를 붙인다.

예)   営2018-101

2 발신 연월일   오른쪽 상단에 위치한다

일본에서는 서력과 더불어 헤세(平成)와 같은 연호(元号)를 사용하고 있지만 외국과의 거래에서는 서력을 사용하는 것이 보통이다. 그러나 일본 내에서는 일본식 연호를 사용하는 곳이 많으므로 일본과 적극적으로 거래를 하게 될 때에는 알아두면 좋다. 참고로 서기 2018년은 平成30년이다.

예)   2018年5月15日

3 수신처·수신인   왼쪽 상단에 위치한다

회사명, 직책, 이름 등의 순으로 작성하며 약식으로 줄이지 않고 정식 명칭을 쓰는 것이 원칙이다. 株式会社를 (株)로, 有限会社를 (有), 財団法人을 (財)라고 줄여서 작성해서는 안 된다. 개인의 이름도 성과 이름을 제대로 잘 써야 한다. 또한 회사명과 부서명, 개인명은 같은 줄에 쓰지 않고 두 줄에 걸쳐 쓴다. 수신처·수신인에게 붙이는 경칭에는 様, 殿 등이 있다.

예)   大阪商事株式会社
　　　　東北アジア部　鈴木信男様

- 수신처·수신인에게 붙이는 경칭의 예 (직위와 이름의 순서에 주의한다.)

　様(さま)　이름에 붙이는 경칭
　　　예) 山田商事株式会社
　　　　　営業部長　佐藤一郎様

　御中(おんちゅう)　회사, 단체, 관공서, 부서에 붙이는 경칭
　　　예) 株式会社日本商事御中
　　　　　文部科学省中等教育課御中

4 발신처·발신인 — 오른쪽 상단에 위치한다

발신자측의 회사명, 직책, 이름 등의 순으로 쓰고 중요한 문서에서는 필요에 따라 직인이나 개인의 도장을 찍기도 한다. 직인은 직책 뒤에 찍고 개인의 도장은 이름 뒤에 찍는다.

예)　　大阪商事株式会社
　　　　　東北アジア部　鈴木信男　㊞

B 문서 본문 ❺~❸

5 제목 — 중간 정도의 위치에 본문 글자보다 조금 크게 쓴다

문서의 내용과 목적을 한 눈에 알 수 있도록 제목을 붙인다.「～の件(~ 건)」「～のこと(~ 일)」「～について(~에 관해)」등과 같이 간결하게 적고 또, 밑줄을 그어 그 부분을 강조할 수도 있다. 또한「～の件(ご通知)」「～の件(ご依頼)」와 같이 ( ) 안에 명확하게 문서 내용을 나타내는 경우도 있다.

예)　　ご注文品出荷について（ご通知）
[주문품 출하에 관해(통지)]
　　　納品遅延の件
(납품 지연의 건)
　　　見積書送付のお願い
(견적서 송부 요청)

6 시작말 — 왼쪽 끝의 문장 시작 부분에 쓴다

문서 첫머리에 쓰는 관습적인 인사말이다. 반드시 ❸의 맺음말과 세트로 사용한다.

	❻ 시작말	❸ 맺음말
일반적인 경우	拝啓 (はいけい)	敬具 (けいぐ)
서두를 경우	前略 (ぜんりゃく)	草々 (そうそう)
회신의 경우	拝復 (はいふく)	敬具 (けいぐ)

7 계절 인사 시작말 뒤에 한 글자를 띄어서 쓴다

일본인은 일상의 인사말이나 대화 중에 자주 날씨나 계절을 화제로 올린다. 서신에서도 자연스럽게 날씨를 화제로 삼는 것이 일반적이다. 비즈니스 문서의 경우 그때그때의 실제 날씨와는 관계없이 매달 정해진 표현이 있기 때문에 표현 자체는 어렵더라도 그대로 사용하면 된다. 특별히 의례적인 문서가 아닌 경우, 형식적인 계절 인사말을 생략하고 상대가 개인이건 조직이건 상관없이 사용할 수 있는 편리한 표현이 있다. 「時下(최근)」는 계절에 관계없이 언제든지 사용할 수 있으므로 알아두면 좋다. 이 時下를 이용해 「時下ますますご盛栄のこととお慶び申し上げます。」라고 작성한 뒤 ❾로 이어져도 좋고 바로 본문으로 들어가도 좋다. 아주 많이 사용되는 예이다.

예) 拝啓　時下ますますご清祥のこととお慶び申し上げます。
(배계 더욱 건승하시기를 기원드립니다.)

8 안부 인사 ❼ 계절 인사말 다음에 온다

안부 인사는 상대측 회사나 단체의 발전을 기원하는 말이다. 안부 인사 역시 정해진 표현이 있으므로 그대로 쓰면 된다.

● 안부 인사는 다음의 5요소로 이루어진다.

| 組織・団体의 경우 |

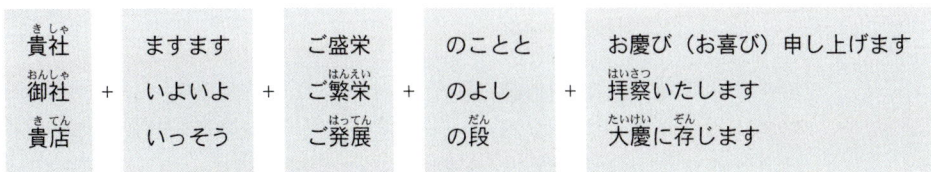

예)　貴社ますますご盛栄のこととお慶び申し上げます。
(귀사 더욱 번성하시기를 기원드립니다.)

| 個人의 경우 |

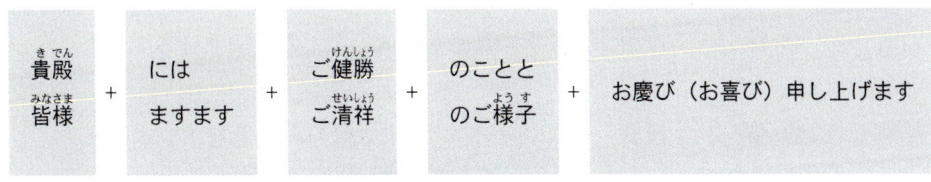

예)　貴殿ますますご健勝のこととお慶び申し上げます。
(귀하 더욱 건승하시기를 기원드립니다.)

9 감사 인사 ❽ 안부 인사 다음에 온다

평상시의 후의에 대해 의례적으로 표현하는 감사의 인사말이다. 물론 처음 대하는 상대방에게는 사용할 수 없는 인사말이므로 그럴 경우는 생략한다.

● 감사 인사는 다음 5요소로 이루어진다.

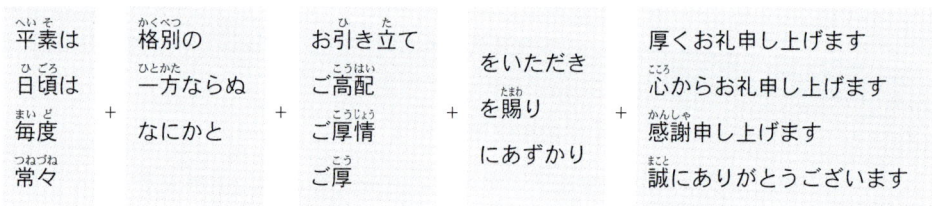

같은 감사의 인사말이라도 평소의 배려에 대한 의례적인 감사 표현이 아니라 어떤 구체적인 사항에 대한 감사나 혹은 경우에 따라서는 사과의 인사말을 해야 할 때가 있다.

예) 平素は格別のお引き立てをいただき、厚くお礼申し上げます。
(평소의 각별한 배려에 깊은 감사를 올립니다.)
先日はなにかとお手数をおかけしまして、まことに恐縮に存じます。
(일전에는 여러 가지로 수고를 끼쳐드려 정말 죄송스럽게 생각하고 있습니다.)
この度はお忙しいところ格別のご高配にあずかり、誠にありがとうございました。
(이번에는 바쁘신데도 각별한 배려를 해주셔서 진심으로 감사합니다.)
毎度勝手ばかり申し上げまして、申しわけございません。
(매번 저희 형편만을 생각하고 말씀드려 죄송합니다.)

앞에서는 관례적인 인사말(❻~❾)을 여러 가지로 살펴보았다. 이러한 형식은 처음으로 연락하는 상대에게 보내는 문서, 인사 편지, 초대장, 안내문, 격식을 차려야 하는 상대측이나 개인에게 보내는 문서 등으로, 의례적인 요소가 특히 필요한 경우에 사용되는 것이다. 그런데 평소 자주 연락을 취하고 있는 상대측과의 사무적인 문서일 경우에는 더욱 생략된 표현을 쓰는 것이 보통이다. 그런 표현을 보기로 하자.

❻, ❼, ❽, ❾ 중 ❻은 절대로 생략해서는 안 되지만 그 나머지는 문서의 성격에 따라 다음과 같이 생략하거나 조합하여 쓸 수 있다.

❻+❽ 拝啓　貴社ますますご盛栄の段、お慶び申し上げます。
(배계 귀사 더욱 번창하시길 축원드립니다.)

❻+❾ 拝啓　平素はたいへんお世話になり、感謝申し上げます。
(배계 평소 매우 신세를 지고 있어 감사 말씀 드립니다.)

❻+❼+❽ 拝啓　新緑の候、ますますご盛栄のこととお慶び申し上げます。
(배계 신록의 계절 더욱 번성하시길 기원합니다.)

10 전환하는 말   줄을 바꾸고 한 칸을 비우고 시작한다

문서의 주된 내용인 본문에 들어가기 위한 도입어이다. 일반적으로는 「さて」를 쓰는데 그 외에도 다음과 같은 여러 가지 어구가 쓰이고 있다.

예)　さて、(그런데)
　　　早速ではございますが、(바로 말씀드리자면)
　　　実は、(실은)
　　　ところで、(그런데)
　　　承れば、(듣자옵건대)

11 본문   전환하는 말에 이어 쓴다

문서의 핵심 부분이다. 물론 본문의 내용은 용건에 따라 다양하므로 정해진 스타일이 있는 것은 아니다. 그러나 잘 쓰이는 몇 가지 표현이 있으므로 그것을 중심으로 보면 충분하다. 우선 「さて」에 이어지는 표현을 보도록 하자.

예)　さて、このたび当社では… (그런데, 이번 저희 회사에서는…)
　　　さて、このたびご注文いただきました… (그런데, 이번에 주문 해 주신…)
　　　さて、突然ですが… (그런데, 갑작스럽기는 하지만…)

이상과 같이 「さて」로 시작되는 문장에는 발신자측의 상황, 상대방의 상황, 또는 양자간의 문제 등을 표명한다. 결과에 따라 새롭게 의뢰 또는 제안을 하거나 거절을 하는 등 논의 과정을 거쳐 주된 목적을 말하려고 할 때는 줄을 바꾸어 「つきましては(그 일에 관해서는, 그리하여)」로 시작하는 경우가 많다.

예)　さて、このたび当社では…
　　　つきましては…

12 마무리문   본문 뒤에 줄을 바꾸고 한 칸을 비우고 시작한다

본문을 마무리하는 인사말이다. 중심문의 내용을 확인하거나 다짐하는 효과도 있다. 일반적으로 「まずは(우선은)」「以上(이상과 같이)」등으로 시작되는 관용적인 표현을 사용한다.

● 마무리문은 아래와 같은 3요소로 이루어진다.

| まずは
取り急ぎ
とりあえず
以上、 | + | お知らせ／ご通知／ご挨拶／
ご返事／お礼／ご案内
書中をもってご挨拶／書面をもってお願い | + | 申し上げます
まで |

예) まずは出荷のご通知まで。(우선 출하 통지를 위해)

まずはご挨拶まで。(우선은 인사 말씀을 위해)

以上、ご案内申し上げます。(이상 안내 말씀 올립니다.)

まずはお詫びかたがたお願いまで。(우선은 사과와 더불어 부탁 말씀을 위해)

13 맺음말 　오른쪽에 쓴다

문장 끝에 ❻시작말과 한 벌로 반드시 들어간다.

	❻ 시작말	⓭ 맺음말
일반적인 경우	拝啓	敬具
서두를 경우	前略	草々
회신의 경우	拝復	敬具

Ⓒ 추가문 ⓮

별기(別記)·추기(追記)·첨부 서류(添付書類) 등을 말하는데, 본문을 맺음말로 마친 뒤에 쓰는 것이다. 추가문을 쓰고 더 이상 없다는 의미로「以上」라고 적는다.

예)
　　　　　記
同封書類：当社製品新価格表　1通
　　　　　　　　　　　　　　　　以上

비즈니스 문서의 경어 사용법

경어 표현에는 크게 나누어 ❶ 상대방을 높이는 존경 표현과 ❷ 자신을 낮추는 겸양 표현 ❸ 전체적으로 정중한 태도를 취하는 정중 표현이 있다. 비즈니스 문서에서는 이들을 적당히 섞어 사용함으로써 상대측에게 경의를 나타낸다.

1 존경 표현은 상대와 상대측에 속하는 사람이나 조직의 명칭, 동작, 상태 등에 관해 경의를 표할 경우에 사용한다. 상대측 회사를「貴社」라 하고, 상대측이「多忙(다망)」한 것을「ご多忙」,「する(하다)」를「なさる(하시다)」로 표현하는 방법 등이 있다.

2 겸양 표현은 자신과 자기 쪽에 속하는 사람이나 조직을 낮춤으로써 결과적으로 상대방에게 경의를 나타내는 표현법이다. 예를 들면, 자신의 회사를「弊社(폐사)」라 하고 자신이 바라는 것인「願う(바라다)」를「お願い申し上げる(부탁 말씀 올리다)」라고 표현하고,「もらう(받다)」를「いただく(받들다)」로 표현하는 방법 등이 있다.

3 정중 표현은 상대에게 경의를 표하기 위해 모든 문장을 반말체가 아닌 정중체로 쓰는 것을 말한다. 예로「〜です(〜입니다)」「〜ます(〜습니다)」「〜でございます(〜이옵니다)」와 같이 문말(文末)에 오는 표현을 들 수 있다.

위와 같은 세 종류의 표현 방법을 사용해「わが社としてはあなたの会社との取引を希望している」라는 보통 표현을「弊社としては貴社とのお取引を希望いたしております」라고 함으로써 상대에 대해 경의나 정중함을 나타낼 수 있다.

주요 경어 용법

① 명사의 존경 표현

「お + 고유어(和語)」나 「ご + 한자어 명사」가 기본이다.

예) お考え、お知らせ、ご住所、ご回答

자신		상대			
私	사람	貴殿	貴兄	～様	～部長殿
弊社　小社　弊店　弊行	조직	貴社　貴店　貴行　貴工場			
弊信　弊状　書面　手紙 見積もり	서류	貴信　貴書　貴状　お手紙　お便り お見積もり			
私見　私案　愚考　愚案	의견	貴意　貴見　ご意見　ご高説　お考え			
	행위	ご配慮　ご高配　ご厚情　ご芳情 ご指導　ご鞭撻　ご尽力　ご了承 ご理解　ご容赦　お許し　ご回答			

● 비즈니스에서 사용되는 「お + 한자어 명사」의 주요 용례
　お会計、お客、お察し、お時間、お写真、お食事、お歳暮、お席、お大事、お大切、お宅、お電話、お得意、お年賀、お約束、お留守、お礼 등등

② 동사의 존경 표현

「～する」형태의 동사는 「～なさる」로 바꾸면 된다. 또한 「ご～なさる」형태도 있으나 사용할 수 없는 경우도 있으므로 주의해야 한다.

예)　担当する → 担当なさる／ご担当なさる　(담당하다 → 담당하시다)

　　　注文 → 注文なさる／ご注文なさる　(주문하다 → 주문하시다)

　　　運転する → 運転なさる／(×)ご運転なさる　(운전하다 → 운전하시다)

　　　オファーする→オファーなさる／(×)おオファーなさる　(신청하다 → 신청하시다)

이 이외의 동사는「お～になる」로 하면 된다.

예) 決める→お決めになる　(결정하다 → 결정하시다)
　　 知らせる→お知らせになる　(알리다 → 알리시다)
　　 聞く→お聞きになる　(듣다 → 들으시다)

3 동사의 겸양 표현

1　「お / ご～する」「お / ご～申し上げる」의 형태로 자신을 낮추는 표현을 사용함으로써 상대방을 높인다.

예)　明日訪ねる → 明日お訪ねします／明日お訪ね申し上げます
　　 (내일 찾아뵙겠습니다)
　　 来週中に答えます → 来週中にお答えします／来週中にお答え申し上げます
　　 (다음주 중으로 답변드리겠습니다.)

2　「～いたす」는「～する」의 겸양어이다.

예)　来週東京へ出張します → 来週東京へ出張いたします
　　 (다음 주 도쿄로 출장갑니다)

3　「お / ご～いたす」는「お / ご～する」보다 더 존경도가 높은 표현이다.

예)　明日挨拶します → 明日ご挨拶いたします
　　 (내일 인사 드리겠습니다.)
　　 来週中に答えます → 来週中にお答えいたします
　　 (다음 주 중으로 답변 드리겠습니다.)

4　「～ておる」는「～ている」의 겸양 표현이다.

예)　売り切れ店が続出しています → 売り切れ店が続出しております
　　 (매진되는 가게가 속출하고 있습니다.)

④ 형태가 변하는 존경어와 겸양어

존경어		겸양어
お会いになる	会う	お目にかかる／お会いする
おあげになる	あげる	さしあげる
おっしゃる	言う	申し上げる／申す
いらっしゃる／おいでになる	行く	伺う／お伺いする／まいる
いらっしゃる／おいでになる	いる	おる
お思いになる	思う	存じる
お聞きになる	聞く	伺う／お伺いする／お聞きする
いらっしゃる／おいでになる／お見えになる	来る	伺う／お伺いする／まいる
くださる	くれる	
ご存じです	知っている	存じ上げておる／存じておる
なさる	する	いたす
お尋ねになる	尋ねる	伺う／お伺いする／お尋ねする
お訪ねになる	訪ねる	伺う／お伺いする／お訪ねする
お見せになる	見せる	お見せする／お目にかける／ご覧にいれる
ご覧になる	見る	拝見する
おもらいになる	もらう	いただく

⑤ 수수(授受) 표현

비즈니스 행위는 상대 회사와 자신의 회사와의 정보나 물품의 교류를 의미하므로 비즈니스 문서에서는 수수(授受)에 관한 표현이 많이 나온다.

1 자신이 상대에게 해줄 경우

- **お / ご~いたす** ~해 드리다

예) 撮影の許可をお願いいたします。
(촬영 허가를 부탁드립니다.)

- **お / ご~申し上げる** ~해 드리다

예) 引き続きご愛顧をお願い申し上げます。
(계속 아껴 주시기를 부탁드립니다.)

- **~申し上げる** ~해 드리다

「お / ご~申し上げる」의 형태를 사용할 수 없는 경우 사용한다.

예) 感謝申し上げます。
(감사 말씀 드립니다.)

- **お / ご~させていただく** ~해 드리다

상대의 허가를 받아 '~하다'라는 의미이기는 하지만 보통은 자신의 행위를 나타내는 일상적인 표현으로, 실제로는 상대에게 통보하는 내용에 가깝다.

예) 明日中にはお送りさせていただきます。
(내일 중으로 보내 드리겠습니다.)

2 자신이 상대로부터(어떤 행위를) 받을 경우

- **お/ご~いただく** ~ 받다

예) さっそくご注文いただき、ありがとうございます。
(바로 주문을 해 주셔서 감사합니다.)

- **~ていただく** ~ 받다

예) 教えていただいた本を読んでみました。
(알려 주신 책을 읽어 보았습니다.)

3 상대가 자신에게 해줄 경우

- **お／ご〜くださる** ~ 주시다

  예) 原因が判明したらご連絡ください。
  (원인이 판명되면 연락 주십시오.)

- **〜てくださる** ~ 주시다

  예) 本社の方にご連絡をとってください。
  (본사 쪽으로 연락을 취해 주십시오.)

6 의뢰 표현

1 명사+くださいますようお願い申し上げます

예) 来週中にはご送付くださいますようお願い申し上げます。
(다음 주 중에는 송부해 주시기를 부탁 말씀 드립니다.)
明細書（めいさいしょ）をお送（おく）りいたしますので、ご確認（かくにん）くださいますようお願い申し上げます。
(명세서를 보내드리오니 확인해 주시기를 부탁드립니다.)
至急（しきゅう）お送りくださいますようお願い申し上げます。
(지급으로 보내 주시기를 부탁드립니다.)

2 명사+賜（たまわ）りますようお願い申し上げます

예) ご協力（きょうりょく）賜りますようお願い申し上げます。
(협력해 주시기를 부탁드립니다.)
なにとぞご理解賜（たまわ）りますようお願い申し上げます。
(부디 이해해 주시기를 부탁드립니다.)

3 명사+のほどお願い申し上げます

예) よろしくご高配（こうはい）のほどお願い申し上げます。
(잘 배려해 주시기를 부탁드립니다.)

なにとぞご了承のほどお願い申し上げます。
(부디 양해 있으시기를 부탁드립니다.)

これからもご愛顧のほどお願い申し上げます。
(앞으로도 아껴주시기를 부탁드립니다.)

4   명사+くだされば(賜れば／いただければ)+幸いに存じます(幸甚に存じます)

예) ご高覧の上ご用命賜れば幸甚に存じます。
(보신 뒤 주문해 주시면 고맙게 생각하겠습니다.)

お送りくだされば幸いに存じます。
(보내 주시면 감사하게 생각하겠습니다.)

7 비즈니스 문서에서의 경어 사용 예

앞에서 다룬 경어의 여러 활용 예를 다음 비즈니스 문서에서 확인해 보자.

> さて、早速ですが、貴社の商品カタログ2018年夏号、本日拝受いたしました。27ページにあります商品番号1122の商品『スーパーキムチ』を仕入れたく存じます。
> つきましては、お手数とは存じますが、下記につきまして見積り書をご送付賜りたく、お願い申し上げます。

1 貴社

「あなたの会社→貴社」의 형태로 한 존경 표현이다.

2 拝受いたしました

「受け取る→拝受する」「する→いたす」의 형태로 자신의 행위를 낮추는 겸양 표현이다.

3 存じます

「思う→存じる」의 형태로 자신의 행위를 낮추는 겸양 표현이다.

4 お手数

「手数→お手数」의 형태로 상대의 행위를 높이는 존경 표현이다.

5 ご送付賜りたく

「送付→ご送付賜る」의 형태로「ご送付」는 상대의 행위를 높이는 존경 표현이고「賜る」는 자신의 행위를 낮추는 겸양 표현이다.「～たく」는 희망의 의미를 나타내는 조동사「～たい」의 연용형이다.

6 お願い申し上げます

「願う→お願い申し上げる」의 형태로 매우 정중하게 희망을 나타내는 겸양 표현이다.

해석 | 그런데 바로 용건으로 들어가서, 귀사의 상품 카탈로그 2018년 여름호를 오늘 받았습니다. 27페이지에 있는 상품번호 1122의 상품 〈슈퍼김치〉를 구입하고 싶습니다. 이와 관련해 수고스러우시겠지만 아래와 같이 견적서를 보내 주시기를 부탁드립니다.

Part II

필요할 때 골라 쓰는
문서작성의 실전편

01 신규 거래 제의
02 신규 거래 승낙
03 주문하기
04 가격 변경 교섭
05 지불청구
06 납기지연에 대한 항의
07 품절 통지
08 사양서 · 견본 송부 의뢰
09 특허권 사용 허가 요청
10 도착물품 수량부족 조회 · 회답
11 회사설립 인사장
12 신제품 안내

01 신규 거래 제의

● 모르는 사람에게 처음 보내는 문서이므로, 갑자기 문서를 보내는 결례를 사과하고 요건을 설명하자. 또한 상대측 회사에 신뢰감을 줄 수 있도록 자기 회사에 대한 간략한 소개를 한 후 회사 제품에 대한 특징을 알린다. 제3자로부터 소개받았을 경우 소개자와 회사와의 관계에 대해서도 설명하는 것이 좋다.

2018年8月25日

第一電器株式会社
営業部長　鈴木一郎殿

ソウル電子株式会社
日本支社長　崔賢哲

新規お取引のお願い❶

拝啓　残暑の候、貴社ますますご隆盛のこととお慶び申し上げます。
　さて、突然でまことに失礼かと存じますが❷、弊社と新規にお取引をお願いいたしたく❸、ここにご連絡申し上げます。
　弊社は、韓国ソウルに本社を置き、創業10年になる電子機器の専門メーカーでございます。まだ若い企業でございますが❹、高い技術力と斬新なアイディアで液晶モニターの分野では韓国1のシェアを誇っております❺。
　この度貴国においても弊社製品を発売したいと考え代理店を捜しておりましたところ、たまたま❻取引先である西山電気株式会社ソウル支店長の山田様より貴社を紹介されました。
　つきましては、当社の会社案内書と製品カタログを同封させていただきました❼ので、ご高覧のうえ本件をご検討いただきたく❽お願い申し上げます。
　まずは、略儀ながら書中をもってお願い申し上げます。

敬具

記
同封書類　会社案内書　1通
　　　　　製品カタログ　1通

以上

어구 설명 콕!

1. ～のお願(ねが)い ・・・ ~요청

상대에게 의뢰하는 문서는 「～のお願い」「～のお願いの件(けん)」「～のお願いについて」 등의 제목을 붙이는 것이 일반적이다.
- 예) 支払(しはら)い延期(えんき)についてのお願い 지불 연기에 관한 요청

2. ～と存(ぞん)ずる ・・・ ~라고 생각하다

「存ずる」는 「思う・知る」의 겸양 표현이다. 「～と(~라고)」는 인용을 나타내는 조사이다.
- 예) お忙(いそが)しいこととは存じますが 바쁘시리라고는 생각됩니다만

3. ～をお願いいたしたく ・・・ ~을 부탁드리고 싶어서

「お取引(とりひき)をお願いしたいと思い」를 정중하게 표현한 것이다.
- 예) ご再考(さいこう)をお願いいたしたく 재고를 부탁드리고 싶어서

4. まだ～でございますが ・・・ 아직 ~입니다만

- 예) まだ設立以来日(せつりついらいひ)の浅(あさ)い会社(かいしゃ)でございますが 아직 설립 이래 오래 되지 않은 회사입니다만

5. ～(명사)を誇(ほこ)る ・・・ ~을 자랑하다

- 예) あの会社は技術力(ぎじゅつりょく)と開発力(かいはつりょく)を誇っています。 그 회사는 기술력과 개발력을 자랑하고 있습니다.

6. ～ところ、たまたま～ ・・・ ~한 바, 우연히 ~

- 예) 部品(ぶひん)をさがしていたところ、たまたま展示会(てんじかい)で貴社(きしゃ)の製品(せいひん)を知りました。
  부품을 찾다가 우연히 전시회에서 귀사의 제품을 알았습니다.

7. ～させていただく ・・・ ~하다

「する」의 겸양 표현이다. 자기의 행위를 낮추는 겸양 표현의 가장 대표적인 형태로 동사에 접속될 경우 5단 동사는 「미연형+せていただく」, 1단 동사는 「미연형+させていただく」의 형태를 취한다.
- 예) 取引(とりひき)させていただく 거래하다

8. ご～いただきたく ・・・ ~해 주시도록

「ご～いただきたく／お～いただきたく」의 형태로 뒤에 「存じます」「お願い申し上げます」 등이 이어져 다른 사람의 행위를 높이고 자신을 낮추어, 자신의 생각이나 바람을 나타내는 표현이다.
- 예) ご連絡(れんらく)いただきたく 연락해 주시도록

등장! 새로운 단어

- 営業部長 •• 영업부장
- 殿 •• 님. 주로 서류 등에서 의례적으로 사용된다
- 支社長 •• 지사장
- 新規 •• 신규
- 取引 •• 거래
- 拝啓 •• '삼가 아룀'의 뜻으로 문서 제일 앞에 넣는 의례적인 인사말
- 残暑の候 •• 8월에 쓰는 계절 인사의 하나. 실제로 피부로 느끼는 더위와는 상관없이 습관적으로 사용된다
- 貴社 •• 귀사
- 隆盛 •• 번영, 발전
- お慶び申し上げます •• 경하의 말씀 드립니다
- さて •• 그런데
- 突然 •• 돌연
- まことに •• 정말로
- 失礼 •• 실례
- 存じます •• 생각합니다, 思います의 겸양어
- 弊社 •• 폐사, 자기 회사의 겸양어. 반대로 상대 회사는「貴社」라고 한다
- 連絡 •• 연락
- 本社 •• 본사
- 創業 •• 창업
- 電子機器 •• 전자 기기
- 専門メーカー •• 전문 메이커
- 企業 •• 기업
- 技術力 •• 기술력
- 斬新な •• 참신한

- アイディア •• 아이디어
- 液晶モニター •• 액정 모니터
- 分野 •• 분야
- シェア •• 쉐어 (점유율)
- 誇っております •• 자랑하고 있습니다
- この度 •• 이번에
- 貴国 •• 귀국
- 製品 •• 제품
- 発売したい •• 발매하고 싶다
- 代理店 •• 대리점
- 捜しておりました •• 찾고 있었습니다
- たまたま •• 우연히
- 取引先 •• 거래처
- 支店長 •• 지점장
- 紹介 •• 소개
- つきましては •• 이에, 위의 이유로 해서
- 案内書 •• 안내서
- 製品 •• 제품
- カタログ •• 카탈로그
- 同封 •• 동봉
- 高覧 •• 남이 보는 것을 높이는 말
- 本件 •• 본 건
- 略儀 •• 약식
- まずは •• 우선은
- 書中 •• 서신
- 敬具 •• 경구, 문서 끝에 붙이는 관례적인 인사말

표현 변신하기

거래 제의

突然で恐縮でございますが、貴社とのお取引をお願いいたしたく、ご連絡申し上げます。

さて、この度貴社におかれましては当地で特約店を募集されると承りましたが、つきましてはぜひ弊社をご指名賜りたく、まことに突然ではございますがお願い申し上げます。

(소개자가 있는 경우)さて、大阪銀行ソウル支店の山岡様よりすでにご連絡があったかと存じますが、弊社と新規にお取引をお願いいたしたくお伺い申し上げます。

갑자기 죄송합니다만 귀사와의 거래를 희망하여 연락 말씀 드립니다.

그런데 이번에 귀사께서 이곳에서 특약점을 모집하신다고 들었습니다만, 이에 꼭 폐사를 지명하여 주시기를 정말 갑자스럽습니다만 부탁 말씀 올립니다.

그런데 오사카 은행 서울지점의 야마오카 님으로부터 이미 연락이 있었을 것으로 생각합니다만 폐사와의 신규 거래를 부탁드리고자 여쭙게 되었습니다.

자사 소개

弊社は家庭用のキムチを製造販売して20年になるメーカーで、製品は無添加自然食品として韓国中で好評をいただいております。

弊社では、20~30代女性向けの婦人服を専門に企画・製造しております。これまでアメリカを中心に販路を築いてまいりましたが、このたび業務拡張を図り、日本にも販路を広げることになりました。

弊社は韓国・釜山で過去10年間にわたり、主としてスポーツ用品の製造に従事している会社でございます。

폐사는 가정용 김치를 제조 판매한지 20년이 되는 업체로서 제품은 무첨가 자연식품으로 한국에서 호평을 얻고 있습니다.

폐사에서는 20~30대 여성을 위한 부인복을 전문으로 기획·제조하고 있습니다. 지금까지 미국을 중심으로 판로를 구축하여 왔습니다만 이번에 업무 확장을 도모하여 일본에도 판로를 확대하게 되었습니다.

폐사는 한국 부산에서 과거 10년간에 걸쳐 주로 스포츠용품 제조에 종사하고 있는 회사입니다.

다지기 연습

1 제시된 표현을 사용해서 다음과 같이 문장을 만들어 보시오.

1) ～かと存じますが／～申し上げます

> 失礼だ／連絡する
> → 失礼かと存じますが、ご連絡申し上げます。

① ご迷惑だ／送付する → _____
② ご存じだ／知らせる → _____
③ お忙しい／願う → _____
④ お持ちだ／紹介する → _____

2) ～でございますが／～を誇っております

> 若い企業／韓国1のシェア
> → 若い企業でございますが、韓国1のシェアを誇っております。

① 開業したばかり／ばつぐんの人気 → _____
② 低価格／高性能 → _____
③ 深夜の番組／高視聴率 → _____
④ 低価格の輸入品／しっかりした品質 → _____

3) ～ところ／たまたま～

> 捜している／紹介される
> → 捜していたところ、たまたま紹介されました。

① 展示会へ行く／展示されている → _____
② 東京へ行く／手に入れる → _____
③ 新聞を見る／広告が出る → _____
④ 明洞を歩いている／友人に会う → _____

다지기 연습

2 제시된 표현을 넣어 다음 문장을 일본어로 옮기시오.

① 갑자기 참으로 실례라고 생각합니다만.
   (存ずる)

   → _____

② 폐사와 신규 거래를 부탁드리고 싶어 이에 연락 드립니다.
   (~いたしたい)

   → _____

③ 귀국에서도 폐사제품을 판매하고자 생각해 대리점을 찾고 있었습니다.
   (~ておる)

   → _____

④ 당사의 회사안내서와 제품 카탈로그를 동봉하여 드렸습니다.
   (~させていただく)

   → _____

3 제시된 어구를 사용해서 당신의 회사(식품제조업)가 일본의 상사와의 신규 거래를 요청하는 문서를 작성해 보시오.

創業以来30年の／総合食品製造会社／最近の安全食品への関心の高まりにより／
有機野菜を使い無添加で作ったキムチがとくに好評／毎年販売を伸ばしている／
日本でも発売したい／当社の取引銀行／プサン銀行／金民浩国際部長／
会社案内書と製品カタログ

→ _____
   _____
   _____
   _____

02 신규 거래 승낙

● 우선 신규 거래 신청에 대한 감사의 표현을 전하고, 승낙 의사와 이유를 밝힌다. 첫 거래이므로 거래 조건에 대해서도 알려주는 것이 좋다.

営2018158

2018年11月10日

ソウル電子株式会社
　日本支社長　崔賢哲様

第一電器株式会社
営業部長　鈴木一郎

新規取引のご承諾について

拝復　貴社ますますご発展のこととお喜び申し上げます。

　さて、10月25日付貴信、たしかに拝受いたしました❶。

　弊社との新規お取引をお申し込みいただきまして❷、まことにありがとうございます。

　早速検討いたしました結果、弊社といたしましても、かねて❸より販売品目に液晶モニターを加えたいと考えておりましたところですので、喜んでご承諾申し上げます❹。

　つきましては❺、弊社の取引条件は別紙取引規程書のとおりでございますので、ご検討の上ご応諾いただけますならば❻、ただちに❼取引契約の締結をさせていただきたく、ご連絡申し上げます。

　まずは、新規取引承諾のご通知と取引条件のご連絡まで。

敬具

記

同封書類　取引規程書　1通

以上

어구 설명 콕!

1. 拝受(はいじゅ)する … 받다

「受(う)け取(と)る」의 겸양 표현이다. 「いたす」는 「する」의 겸양 표현이다. 따라서 「拝受いたす」는 이중 겸양 표현인 셈이다. 拝가 붙는 표현에는 이 외에 「拝観(はいかん)」「拝見(はいけん)」「拝察(はいさつ)」「拝借(はいしゃく)」「拝聴(はいちょう)」「拝読(はいどく)」「拝礼(はいれい)」 등이 있다.
예) 展示会(てんじかい)で拝見(はいけん)いたしました。 전시회에서 보았습니다.

2. お + 동사의 연용형(명사형) + いただく … 해 주시다

겸양 표현으로 한자어 동사일 경우는 「ご~いただく」로 표현한다.
예) 今月1日までにご返済(へんさい)いただくお約束(やくそく)になっていました。
이번 달 1일까지 반제하여 주시기로 약속되어 있었습니다.

3. かねて … 이전부터

「かねて」「かねての」「かねてから」「かねてより」로도 쓸 수 있다.
예) かねてより貴社(きしゃ)の評判(ひょうばん)はうかがっております。 전부터 귀사의 평판은 듣고 있습니다.

4. ご~申(もう)し上(あ)げる … 드리다, 올리다

한자어 동사는 「ご+ 한자어 동사의 한자 부분+申し上げる」, 일본 고유어 동사의 경우는 「お~申し上げる」의 형태를 취한다. 자신을 낮추는 겸양 표현이다.
예) 1週間以内(しゅうかんいない)にご返事(へんじ)申し上げます。 1주일 이내로 회신 올리겠습니다.

5. つきましては … 그 일에 관하여서는, 그러하기 때문에

「ついては」의 정중 표현이다. 「それで」「したがって」「そのため」라고 표현할 수도 있다.
예) 招待状(しょうたいじょう)をお送(おく)りしたいと思います。つきましてはご住所(じゅうしょ)をお教(おし)えいただけますでしょうか。
초대장을 보내 드리려고 합니다. 그러하오니 주소를 알려 주시겠습니까?

6. ~の上(うえ)~する … ~한 뒤에, ~한 다음, ~하다

「명사 + ~の上」「동사의 과거형 +~の上」의 형태를 취한다.
예) 会議(かいぎ)にはかった上決定(けってい)することといたします。
회의에 부친 뒤에 결정하겠습니다.

7. ただちに … 바로, 즉시

예) ただちに調査(ちょうさ)の上(うえ)、結果(けっか)をご報告(ほうこく)いたします。 바로 조사한 다음 결과를 보고 드리겠습니다.

등장! 새로운 단어

- 承諾(しょうだく) •• 승낙
- 拝復(はいふく) •• 회답 서신의 시작말(頭語)
- 発展(はってん) •• 발전
- お喜(よろこ)び申(もう)し上(あ)げます •• 축원합니다, 상대 회사의 발전을 바란다는 의례적인 인사말
- ～付(づけ) •• ～(일)자
- 貴信(きしん) •• 귀측의 서신이라는 존경 표현
- たしかに •• 확실하게
- 拝受(はいじゅ)いたしました •• 받았습니다(겸양 표현)
- お申(もう)し込(こ)み •• 신청
- 早速(さっそく) •• 바로
- 結果(けっか) •• 결과
- ～といたしましても •• ～としても의 겸양 표현, ~로서도
- かねてより •• 전부터
- 販売品目(はんばいひんもく) •• 판매 품목
- 加(くわ)えたい •• 추가하고 싶다
- 考(かんが)えておりました •• 생각하고 있었습니다
- ～ところ •• ～하던 차에
- 喜(よろこ)んで •• 기쁘게, 기꺼이
- 取引条件(とりひきじょうけん) •• 거래 조건
- 別紙(べっし) •• 별지
- 取引規程書(とりひきけいていしょ) •• 거래 규정서
- ご応諾(おうだく)いただけますならば •• 승낙 받을 수 있다면
- ただちに •• 즉시
- 取引契約(とりひきけいやく) •• 거래 계약
- 締結(ていけつ) •• 체결
- 通知(つうち) •• 통지

표현 변신하기

신규 거래 승낙 ...

さて、このたびはお取引開始のお申し入れをいただき、心よりお礼申し上げます。

그런데 이번에는 거래 개시를 제의해 주셔서 마음으로부터 감사 말씀 드립니다.

さて、先日お申し入れのありました弊社との新規取引の件でございますが、社内で検討の結果、これをお受けすることに決定いたしました。ここにご通知申し上げます。

그런데 지난번 제의가 있었던 폐사와의 신규 거래 건입니다만, 사내에서 검토한 결과, 이것을 받아들이기로 결정했습니다. 이에 통지하여 드립니다.

かねがね貴社の業界における信用の高さは承っており、このたびのお申し入れはまさに願ってもない幸運でございます。

전부터 귀사가 업계에서 신용이 높은 것은 듣고 있어 이번 제의는 실로 생각지도 못했던 행운입니다.

当社といたしましても、貴社をお取引先にもてますのは、願ってもないことで、別紙の条件でよろしければ、喜んでお取引させていただきます。

당사로서도 귀사를 거래처로 모실 수 있다는 것은 생각지도 못했던 일로, 별지의 조건으로 좋으시다면 기꺼이 거래하겠습니다.

貴社のような強力な販売網をもち、信頼のおける販売会社に弊社製品をお取り扱いいただくのは、弊社にとってもたいへんありがたく存じます。

귀사와 같이 강력한 판매망을 지니면서 신뢰할 수 있는 판매 회사가 폐사 제품을 취급하여 주시는 것은 폐사로서도 정말 감사하게 생각합니다.

거래 조건 승낙 ...

別紙の条件でよろしければ、喜んでお取引させていただきます。

별지의 조건으로 좋으시다면 기꺼이 거래를 하겠습니다.

取引条件につきましては、お申し越しのとおりでけっこうでございます。

거래 조건에 관해서는 말씀하신 대로 좋습니다.

ご提示のお取引条件につきましては、何ら異存はございません。

제시하신 거래 조건에 관해서는 아무런 이의가 없습니다.

つきましては、当社の取引条件、販売委託契約書、その他の関係書類を同封いたしましたので、必要事項をご記入、ご捺印のうえ、折り返しご送付くださるようお願い申し上げます。

이에 당사의 거래 조건, 판매 위탁 계약서, 그 밖의 관계 서류를 동봉하였으니 필요 사항을 기입, 날인한 다음 바로 송부하여 주시기를 부탁 말씀 드립니다.

다지기 연습

1 제시된 표현을 사용해서 다음과 같이 문장을 만들어 보시오.

1) お／ご～いただく

> お取引／申し込む
> → お取引をお申し込みいただく

① 資料／見る　→
② キャンペーン／応募する　→
③ 手紙／送る　→
④ 弊社／招く　→

2) ～結果／～いたす

> 検討する／承諾する
> → 検討した結果、承諾いたしました。

① 調査する／報告する　→
② 抽選する／通知する　→
③ 審査する／決定する　→
④ 応募する／当選する　→

3) ～上／ご～いただく

> 検討／応諾する
> → ご検討の上ご応諾いただく

① 見る／決定する　→
② 審査／採用する　→
③ 確認する／使用する　→
④ サンプルテスト／購入する　→

다지기 연습

2 제시된 표현을 넣어 다음 문장을 일본어로 옮기시오.

① 신규 거래 제의서를 확실히 받았습니다.
（**新規取引申込書**）

→ _____

② 이전부터 생각하고 있었습니다.
（かねてより）

→ _____

③ 즉시 계약을 체결하고 싶습니다.
（ただちに ～させていただきたい）

→ _____

④ 저의 회사의 거래조건은 아래와 같습니다.
（下記）

→ _____

3 제시된 어구를 사용해서 당신의 회사가 일본의 제조업 회사의 신규 거래 요청을 승인하는 문서를 작성해 보시오.

> 貴社の製品／独創的／技術水準が高い／値段も手頃／発売当初から好調な売れ行き／
> 業界雑誌で拝見した／関心をもっていた／貴社の製品を仕入れることができれば／
> 喜んでご承諾申し上げます／取引条件に異存はありません／
> 独占販売権をいただきたい

→ _____
_____
_____
_____

03 주문하기

● 거래 관계에 있는 상대와 주고받는 문서로, 무엇을 보고 주문하는 지를 명시하고, 납기 준수를 요청한다.

営18-0252

2018年8月20日

株式会社大和電機
販売部長鈴木一郎様

大東商事株式会社
営業部長　金民秀　㊞

ホームベーカリー注文の件❶

拝啓　時下ますますご盛栄のこととお慶び申し上げます。

　さて、この度❷ご送付いただきました貴社「商品カタログ2018年秋号」により、下記の通り❸注文いたします。

　納期厳守の上、よろしく❹ご手配くださいますよう❺お願い申し上げます❻。

敬具

記

1　品名および数量　　ＭＣⅢ型ブルー　　100台
　　　　　　　　　　ＭＣⅢ型シルバー　100台
　　　　　　　　　　ＭＣⅡ型グリーン　　100台

2　単　　価　　　　金25,000円
3　納　　期　　　　9月30日 釜山必着のこと

以上

어구 설명 콕!

1. ~注文の件

주문은 더 정중하게 「ご注文」으로 표현할 수도 있다. 「~の件」은 비즈니스 회화에서 「特許の件はどうなりましたか(특허 건은 어떻게 되었습니까?)」「先日の件でお電話いたしました(지난번 건으로 전화했습니다)」와 같은 형태로 자주 사용된다.

예) 天然植物シャンプーの追加注文の件 천연 식물 샴푸의 추가 주문 건

2. この度(此の度) ••• 이번

예) この度パソコン専門店として「PC21」を開店いたしました。
이번에 퍼스널 컴퓨터 전문점으로 PC21을 개점하였습니다.

3. 下記の通り ••• 아래와 같이

예) 2018年夏のお客様謝恩セールを下記の通り開催いたします。
2018년 여름 고객 사은 세일을 아래와 같이 개최합니다.
来年度新入社員募集要項は下記の通りです。 내년도 신입 사원 모집 요강은 아래와 같습니다.

4. よろしく~ ••• 잘~

상대의 호의를 부탁하는 표현이다.

예) よろしくご指導のほどお願い申し上げます。 잘 지도해 주시기를 부탁합니다.
よろしくご支援を賜りますようお願い申し上げます。 잘 지원하여 주시기를 부탁 말씀 올립니다.

5. ご~くださいますよう ••• ~해 주시도록

「(ご + 한자어 / お + 고유 동사의 연용형) + ください + ます + よう」의 형태로 상대의 행위에 대한 존경 표현이다. 또는 「ご手配くださるよう~」라고도 표현할 수 있다.

예) ぜひ取り扱い説明書をお読みくださいますようお願い申し上げます。
꼭 취급 설명서를 읽어주시기를 부탁드립니다.
明日中にご連絡くださいますようお願いします。
내일 중으로 연락 주시기를 부탁합니다.

6. ~ようお願い申し上げます ••• ~하도록 부탁드립니다

「용언의 연체형 + よう(に)お願いします／お願い申し上げます」의 형태로 가장 일반적인 요청·의뢰 표현이다.

예) 来週中に届きますようお願い申し上げます。 다음 주 중으로 도착하도록 부탁드립니다.
明日中に入金されるよう手続きをお願い申し上げます。
내일 중으로 입금이 되도록 수속을 부탁드립니다.

등장! 새로운 단어

- ☐ 電機(でんき) •• 전기
- ☐ 販売(はんばい) •• 판매
- ☐ 商事(しょうじ) •• 상사
- ☐ ホームベーカリー •• 홈 베이커리
- ☐ 注文(ちゅうもん) •• 주문
- ☐ この度(たび) •• 이번에
- ☐ 送付(そうふ) •• 송부, 물품을 보냄
- ☐ 貴社(きしゃ) •• 귀사
- ☐ 商品(しょうひん) •• 상품
- ☐ カタログ •• 카탈로그
- ☐ 秋(あき) •• 가을
- ☐ ～号(ごう) •• ~호
- ☐ ～により •• ~에 의해
- ☐ 下記(かき) •• 하기, 아래에 적음
- ☐ 納期(のうき) •• 납기
- ☐ 厳守(げんしゅ) •• 엄수
- ☐ よろしく •• 잘
- ☐ 手配(てはい) •• 수배
- ☐ 品名(ひんめい) •• 품명
- ☐ 数量(すうりょう) •• 수량
- ☐ 型(がた) •• 형
- ☐ 単価(たんか) •• 단가
- ☐ 必着(ひっちゃく) •• 필착

표현 변신하기

주문하기 •••

さて、9月1日付でご送付いただきました「特選キムチセットカタログ」を拝見いたしました。早速検討の結果、とりあえず下記のとおりご注文申し上げますので、10月30日までに到着するよう発送をお願いいたします。

그런데 9월 1일자로 보내주신 특선 김치세트 카탈로그를 보았습니다. 바로 검토한 결과 우선 아래와 같이 주문하오니 10월 30일까지 도착하도록 발송을 부탁드립니다.

過日は貴社取り扱い商品カタログをご送付いただき、まことにありがとうございました。検討の結果、下記の貴社商品を注文いたしたく存じますので、つきましては、見積り価格をお知らせ下さるようお願い申し上げます。

지난번에는 귀사의 취급 상품 카탈로그를 보내주셔서 감사합니다. 검토 결과 아래와 같이 귀사 상품을 주문하고자 하오니 이에 견적 가격을 알려 주시기를 부탁 말씀 올립니다.

さっそくですが、10月1日、幕張メッセで開催された貴社の「春の新製品展示会」で、ホームベーカリーを拝見しました。つきましては、当方で検討しました結果、ぜひ取り扱いたいと思いますので、下記のとおり注文します。

바로 말씀드립니다만, 10월 1일 마쿠하리멧세에서 개최된 귀사의 춘계 신제품 전시회에서 신형 홈 베이커리를 보았습니다. 이에 저희들이 검토한 결과 꼭 취급하고 싶다고 생각해 아래와 같이 주문합니다.

추가 주문하기 •••

標記の品、予想以上の好評につき、さらに100個追加注文いたします。

표기의 물품이 예상 이상으로 호평이어서 100개 더 추가 주문합니다.

先般ご注文いたしましたソーラーウォッチは当社の予想を上回る売れ行きで、一部では品不足が起こりそうな状態です。つきましては下記の通り追加注文いたします。

지난번 주문한 솔라워치는 당사의 예상을 넘는 판매 호조로 일부에서는 상품 부족이 일어날 것 같은 상태입니다. 이에 아래와 같이 추가 주문합니다.

つきましては、前回と同様の条件にて追加注文いたしますので、至急ご手配くださいますようお願いいたします。

이에 지난번과 같은 조건으로 추가 주문하오니 긴급히 수배해 주시기를 부탁드립니다.

追加注文につきましては、5月1日必着でご手配のほどお願いいたします。

추가 주문에 관해서는 5월 1일 필착으로 수배를 부탁드립니다.

다지기 연습

1 제시된 표현을 사용해서 다음과 같이 문장을 만들어 보시오.

1) ～により／～いたします

> 「商品カタログ2018年秋号」／注文する
> → 「商品カタログ2018年秋号」により注文いたします。

① 紛争処理規程／処理する → _____
② 航空便／出荷する → _____
③ 業績不振／閉店 → _____
④ 契約違反／提携解消 → _____

2) ～の上／～ください

> 納期厳守／ご手配
> → 納期厳守の上、ご手配ください。

① ご理解／ご了承 → _____
② ご記入／ご提出 → _____
③ 必要書類添付／お申込み → _____
④ 万障お繰り合わせ／ご参加 → _____

3) ～くださいますよう／お願い申し上げます

> 手配する／願う
> → ご手配くださいますようお願い申し上げます。

① 知らせる／願う → _____
② 了承する／願う → _____
③ 確認する／願う → _____
④ 電話する／願う → _____

다지기 연습

2 제시된 표현을 넣어 다음 문장을 일본어로 옮기시오.

① 오늘은 일부러 내사해 주셔서 감사했습니다.
（お／ご〜いただく）

→ _____

② 재고량을 조사한 다음 연락을 부탁합니다.
（〜の上（うえ））

→ _____

③ 카탈로그를 보신 다음 주문하여 주십시오.
（お／ご〜ください）

→ _____

④ 내달 15일까지 납입하여 주시기를 부탁 말씀 드립니다.
（納入（のうにゅう）、〜ようお願い申し上げます）

→ _____

3 제시된 어구를 사용해서 당신의 회사가 일본의 식품 회사에 생라면을 주문하는 문서를 작성해 보시오.

先日（せんじつ）／ソウル／開催（かいさい）される／食品見本市（しょくひんみほんいち）／生ラーメン（なま）／拝見（はいけん）する／さっそく／検討（けんとう）する／ぜひ／取り扱う（とりあつか）／下記の通り（かきとおり）／注文（ちゅうもん）する

→ _____
_____
_____
_____

04 가격 변경 교섭

- 가격 인상이 불가피함을 상대에게 납득시켜야 하므로 정중한 요청 표현을 써야 한다. 가격 인상의 요인을 상세히 설명한 뒤 앞으로의 자사측의 결의에 대해 표명해 주면 더욱 좋다.

営2018158

2018年10月15日

第一電器株式会社
　　営業部長　鈴木一郎様

ソウル電子株式会社
　　日本支社長　崔賢哲

納入価格引き上げのお願い

拝啓　貴社ますますご盛栄のこととお慶び申し上げます。毎度格別のお引き立てを賜り、厚くお礼申し上げます。

　さて、ご案内のとおり、昨今の諸原料価格高騰、ドル安の進行などにより❶、当社製品へのコスト圧力が徐々に高まってまいりました。当社におきましても生産工程の合理化、事務効率化などによりコストダウンに全力をつくしてまいりましたが❷、その努力も限界に達し、これまでの納入価格では経営基盤をゆるがしかねない❸事態に立ち至りました❹。

　つきましては、誠に恐縮ながら、別紙により納入価格引き上げのお願いをいたす次第でございます。なにとぞ事情ご賢察の上、ご了承くださいますようお願い申し上げます。

　なお、これを機会にますますサービスに万全を期し❺、皆様のご期待にお応えする覚悟でございます。

　まずは、お知らせかたがたお願いまで❻。

敬具

記
　同封書類　当社製品新価格表　1通

以上

어구 설명 콕!

① 昨今の〜により ••• 요즈음의 ~에 의해

예) 昨今の不況により消費者の購買意欲が低下しています。
요즈음의 불황으로 소비자의 구매 의욕이 저하되고 있습니다.

② 〜に全力をつくす ••• ~에 전력을 다하다

예) 失われた信頼回復に全力をつくす覚悟です。 잃어버린 신뢰 회복에 전력을 다할 각오입니다.
日本市場でのシェア拡大に全力をつくします。 일본 시장에서의 점유율 확대에 전력을 기울이겠습니다.

③ 〜では〜 +(동사의 연용형) + **かねない** ••• ~로는 결국 ~의 상태로 되다

예) このままではシェアを失いかねない。 이대로는 점유율을 잃을지도 모른다.
このままでは両社共倒れになりかねません。 이대로는 양사 모두 쓰러질지도 모릅니다.

④ (명사) + 〜に立ち至る ••• 결국 ~의 상태로 되다

예) IMF危機当時、韓国の経済は最悪の状態に立ち至りました。
IMF 위기 당시 한국의 경제는 최악의 상태에 이르렀습니다.
社内努力では吸収できない状況に立ち至りました。
사내의 노력으로는 흡수할 수 없는 상황에 이르렀습니다.

⑤ 万全を期す(る) ••• 만전을 기하다

예) 品質管理には万全を期すようお願いします。
품질 관리에는 만전을 기해 주기를 부탁드립니다.
当社の製品は衛生管理には万全を期しております。
당사 제품은 위생 관리에는 만전을 기하고 있습니다.

⑥ Aかたがた Bまで ••• A와 더불어 B까지

편지글의 끝을 마무리하는 의례적인 표현이다.

예) ご挨拶かたがたお願いまで。 인사를 겸하여 부탁 말씀 드림
お詫びかたがたご返事まで。 사과를 겸하여 답장을 드림

등장! 새로운 단어

- 納入価格 ・・ 납입 가격
- 引き上げ ・・ 인상
- 盛栄 ・・ 번영
- 毎度 ・・ 매번
- 格別の ・・ 각별한
- お引き立て ・・ 후원
- 賜り ・・ 받아
- 厚く ・・ 깊이
- お礼申し上げます ・・ 감사 말씀 올립니다
- ご案内のとおり ・・ 안내한 대로
- 昨今 ・・ 요즈음
- 諸原料価格 ・・ 제반 원료 가격
- 高騰 ・・ 급등
- ドル安 ・・ 달러 하락
- 進行 ・・ 진행
- コスト圧力 ・・ 코스트(생산 원가) 압력
- 徐々に ・・ 서서히
- 高まってまいりました ・・ 높아져 왔습니다
- ～におきましても ・・ ～에서도
- 生産工程 ・・ 생산 공정
- 合理化 ・・ 합리화
- 事務 ・・ 사무
- 効率化 ・・ 효율화
- コストダウン ・・ 생산 원가 인하
- 全力をつくして ・・ 전력을 다해
- 努力 ・・ 노력
- 限界 ・・ 한계

- 達し ・・ 달해
- これまでの ・・ 지금까지의
- 経営基盤 ・・ 경영 기반
- ゆるがしかねない ・・ 뒤흔들지도 모른다
- 事態 ・・ 상황
- 立ち至りました ・・ 이르렀습니다
- 誠に ・・ 참으로
- 恐縮ながら ・・ 죄송스럽습니다만
- 別紙 ・・ 별지
- 次第 ・・ 사정, 이유
- なにとぞ ・・ 부디
- 事情 ・・ 사정
- 賢察 ・・ 현찰
- 了承 ・・ 승낙
- 機会 ・・ 기회
- ますます ・・ 점점
- サービス ・・ 서비스
- 万全を期し ・・ 만전을 기해
- 皆様 ・・ 여러분
- 期待 ・・ 기대
- お応えする ・・ 답하다, 부응하다
- 覚悟 ・・ 각오
- お知らせ ・・ 알림, 통지
- かたがた ・・ 겸하여, 아울러

표현 변신하기

가격 인상 설명

当社製品〇〇につきましては、長年にわたり価格据え置きの努力を重ねてまいりましたが、近年の人件費高騰、原材料費急騰により、内部努力ではカバーできない状況となりました。

당사 제품 ○○에 대해서 오랜 기간에 걸쳐 가격 동결의 노력을 거듭해 왔습니다만, 근년의 인건비와 원료비의 급등에 의해 내부 노력으로는 커버할 수 없는 상황이 되었습니다.

近年の原材料費、人件費、諸経費の高騰は著しく、これまで技術改良や生産体制の合理化によって補ってまいりましたが、もはや従来の価格を維持できなくなりました。

근년의 원자재비, 인건비, 제 경비의 급등이 심하여, 지금까지 기술 개량과 생산 체제의 합리화로 보충하여 왔습니다만, 이제는 종래 가격을 유지할 수 없게 되었습니다.

このところの物価の高騰ははなはだしく、当社製品においても従来の価格では採算が合わなくなってまいりました。

최근의 물가 급등이 너무 심해 당사 제품도 종래의 가격으로는 채산이 맞지 않게 되었습니다.

誠に申し上げにくいことながら、近年の原材料の大幅値上げと人件費の高騰により、当社製品も従来の価格を維持することが困難になってまいりました。

참으로 말씀드리기 어렵습니다만 근년의 원자재의 대폭 인상과 인건비의 급등으로 당사 제품도 종래 가격을 유지하기가 곤란해졌습니다.

가격 변동 통지

つきましては、10月1日をもちまして、貴社への納入価格を1ダースあたり5,000円値上げいたしたくお願い申し上げます。

따라서, 10월 1일로 귀사의 납입 가격을 1다스당 5000엔 인상하고자 부탁 말씀 올립니다.

つきましては、下記のように価格の改定をいたしたく存じますので、よろしくお願い申し上げます。

따라서 아래와 같이 가격 개정을 하고자 하오니 잘 부탁드립니다.

つきましては、今後のお取引は同封の新価格表にもとづきご用命を賜りたく存じます。

이에 앞으로의 거래는 동봉하는 새 가격표에 의거하여 주문을 받고자 합니다.

つきましては、皆様にはまことに申し訳ない次第でございますが、きたる10月1日の納入分から、別紙の通り価格を変更させて頂きたいと存じます。

이에 여러분들께는 참으로 면목 없게 되었습니다만, 오는 10월 1일 납입분부터 별지와 같이 가격을 변경하고자 합니다.

다지기 연습

1 제시된 표현을 사용해서 다음과 같이 문장을 만들어 보시오.

1) ～により／～てきた(まいりました)

> 事務合理化／コストダウンに全力をつくす
> → 事務合理化によりコストダウンに全力をつくしてまいりました。

① 徹底した品質管理／製品の信頼向上につとめる　→ ＿＿＿＿＿
② コスト削減努力／輸出を増やす　→ ＿＿＿＿＿
③ 経済発展／国民の生活水準が向上する　→ ＿＿＿＿＿
④ 不況／購買能力が低下する　→ ＿＿＿＿＿

2) ～では／～かねない

> これまでの納入価格／経営基盤をゆるがす
> → これまでの納入価格では経営基盤をゆるがしかねません。

① この価格／赤字を出す　→ ＿＿＿＿＿
② その品質／他社との競争に負ける　→ ＿＿＿＿＿
③ 曖昧な対応／信用を失墜する　→ ＿＿＿＿＿
④ このまま／入札に失敗する　→ ＿＿＿＿＿

3) なにとぞ～の上／～ください

> 事情ご賢察／ご了承
> → なにとぞ事情ご賢察の上、ご了承くださいますようお願い申し上げます。

① 詳細をご検討／お決め　→ ＿＿＿＿＿
② 商品カタログをご覧／お選び　→ ＿＿＿＿＿
③ 番号をご確認／お電話　→ ＿＿＿＿＿
④ 内容をお確かめ／ご送金　→ ＿＿＿＿＿

다지기 연습

2 제시된 표현을 넣어 다음 문장을 일본어로 옮기시오.

① 가격 인상 요청
(~のお願い)

→ _____

② 코스트 압력이 서서히 높아져 왔습니다.
(徐々に)

→ _____

③ 그 노력도 한계에 달했습니다.
(~に達する)

→ _____

④ 경영기반을 뒤흔들지도 모르는 사태에 이르렀습니다.
(立ち至る)

→ _____

3 제시된 어구를 사용해서 당신의 회사가 일본의 거래 회사에 가격 인상을 통지하는 문서를 작성해 보시오.

> ご高承／昨年来／輸入原材料／値上げ／相次ぐ／比率が高い／
> 採算性悪化に悩む／できる限り／生産工程／合理化／原価削減／もはや／
> 誠に恐縮ながら／値上げさせていただきたく

→ _____
_____
_____
_____

지불 청구

- 지불 청구는 보통 청구서만 발송해도 되지만 정중한 인사말과 함께 주문품의 도착을 주지시킨 다음 대금을 청구하는 것이 좋다. 또 지불 기일을 명시하는 것도 잊지 말자.

経18-460

2018年6月15日

港商事株式会社
　営業部長　宮本武蔵様

現代電機株式会社
経理部長　崔一元

ホームベーカリー代金のお支払いについて

拝啓　初夏の候、貴社ますますご盛栄のこととお慶び申し上げます。平素は格別の❶ご愛顧を賜り❷、厚くお礼申し上げます。

　さて、このたびご注文いただきました標記製品は、さっそくお送り申し上げましたが❸、すでにご入手のことと❹拝察いたします❺。

　つきましては、同封請求書の通りご請求申し上げます。ご確認の上、6月30日までに代金をお支払いくださいますようお願い申し上げます。

　まずは、取り急ぎお願いまで。

敬具

記

同封書類　請求書　1通

以上

어구 설명 콕!

1. 格別の ••• 보통과 다른, 각별한

예) これも皆様方の格別のご支援によるものと感謝申し上げます。
이것도 여러분들의 각별한 지원 덕택으로 감사드립니다.

皆様方の格別のご指導ご支援を賜りますよう、心よりお願い申し上げます。
여러분들의 각별한 지도와 지원을 받을 수 있기를 진심으로 부탁드립니다.

---

2. ～を賜る ••• ~을 받다

「賜る」는「もらう,受ける」의 겸양어이다.「お／ご～賜る」의 문형은「お／ご～いただく」보다 더 존경도가 높은 표현이다.

예) パンフレットを同封させていただきましたので、ご一覧賜れば幸いに存じます。
팸플릿을 동봉하오니 읽어 주시면 감사하겠습니다.

来月中にはご回答を賜りたく、お願い申し上げます。
다음 달 중으로 회답을 주시기를 부탁드립니다.

---

3. さっそく～する ••• 바로 ~하다

예) 注文の連絡を受け、さっそく発送の手続きをとりました。
주문 연락을 받아 바로 발송 수속을 취했습니다.

ご連絡をいただければさっそく取りにお伺いいたします。
연락을 주시면 바로 받으러 찾아뵙겠습니다.

---

4. すでに + (동사의 과거형 / 동작을 나타내는 명사) + ことと思う ••• 이미 ~일 것으로 생각하다

예) すでに何らかの事後措置をお考えのことと思います。
이미 모종의 사후조치를 생각하고 계실 것으로 봅니다.

新しい規制につきましてはすでにお聞き及びのことと存じます。
새로운 규제에 관해서는 이미 들으셨을 것으로 생각합니다.

---

5. 拝察する ••• 추측하다

예) 今度のことは、やむを得ないご事情によるものと拝察いたします。
이번 건은 어쩔 수 없는 사정에 의한 것으로 추측됩니다.

そのことは貴社でもよくご承知のことと拝察いたします。
그 건은 귀사에서도 잘 알고 계실 것으로 사료됩니다.

등장! 새로운 단어

- □ 経理部長(けいりぶちょう) •• 경리 부장
- □ 代金(だいきん) •• 대금
- □ 支払(しはら)い •• 지불
- □ 初夏(しょか) •• 초여름
- □ 平素(へいそ) •• 평소
- □ 格別(かくべつ)の •• 각별한
- □ 愛顧(あいこ) •• 애고, 배려
- □ 賜(たまわ)る •• 받다
- □ 厚(あつ)く •• 깊이, 두텁게
- □ 標記(ひょうき) •• 표기
- □ 製品(せいひん) •• 제품
- □ さっそく •• 바로
- □ 送(おく)る •• 보내다
- □ すでに •• 이미
- □ 入手(にゅうしゅ) •• 입수(도착)
- □ 拝察(はいさつ) •• 추측(정중한 표현)
- □ 同封(どうふう) •• 동봉
- □ 請求書(せいきゅうしょ) •• 청구서
- □ ~の通(とお)り •• ~대로
- □ 確認(かくにん) •• 확인
- □ 書類(しょるい) •• 서류
- □ 取(と)り急(いそ)ぎ •• 서둘러, 우선

표현 변신하기

납품 통보

さて、5月10日付注文書(NO. 1499)の商品は、5月25日に滞りなく納品いたしました。

다름이 아니오라 5월 10일자 주문서(No.1499)의 상품은 5월 25일 지체 없이 납품했습니다.

このたびお買い上げの品、すでにお受け取りのことと存じます。

이번에 구매하신 상품, 이미 받으셨을 것으로 생각합니다.

このたびのご注文品、さっそくお送り申し上げました。

이번의 주문품 바로 보내드렸습니다.

このたびは弊社製品をお買い上げいただきまして、誠にありがとうございました。

이번에 폐사 제품을 사주셔서 참으로 감사합니다.

さて、このたびご注文いただきました標記製品は、4月20日、御社営業部に納品させていただきました。

그런데 이번에 주문해 주신 표기 제품은 4월 20일 귀사 영업부에 납품하여 드렸습니다.

대금 청구

つきましては、別紙請求書の代金を6月25日までに下記の当社銀行口座にお振り込みくださいますようお願い申し上げます。

이에 별지 청구서의 대금을 6월 25일까지 아래의 당사 은행 계좌로 입금하여 주시기를 부탁 말씀 올립니다.

つきましては、お手数ながらご確認の上、代金をお振り込みくださいますようお願い申し上げます。

이에 번거로우시겠지만 확인하신 다음, 대금을 입금하여 주시기를 부탁 말씀 올립니다.

つきましては、お買い上げ明細書を同封いたしますので、お確かめの上、代金をお支払いくださいますようお願い申し上げます。

이에 구입 명세서를 동봉하오니 확인하신 후에 대금을 지불하여 주시기를 부탁드립니다.

つきましては、請求書を同封させていただきましたので、よろしくご手配くださいますよう、お願い申し上げます。

이에 청구서를 동봉하오니 잘 수배해 주시기를 부탁 말씀 올립니다.

つきましては請求書を同封いたしましたので、ご確認の上、12月25日までに下記の銀行口座にご送金くださいますようお願い申し上げます。

이에 청구서를 동봉하오니 확인하신 다음 12월 25일까지 아래 은행 계좌로 송금하여 주시기를 부탁드립니다.

다지기 연습

1 제시된 표현을 사용해서 다음과 같이 문장을 만들어 보시오.

1) さっそくお(ご)～申し上げる

> 送る
> → さっそくお送り申し上げました。

① 調べる　→ _____
② 紹介する　→ _____
③ 届ける　→ _____
④ 連絡する　→ _____

2) すでに～のことと／～いたします

> 入手／拝察
> → すでにご入手のことと拝察いたします。

① 知っている／拝察　→ _____
② 承知／拝察　→ _____
③ 購入／拝察　→ _____
④ 食べる／拝察　→ _____

3) ～の通り／～する

> 同封請求書／請求する
> → 同封請求書の通りご請求申し上げます。

① 以下／提案する　→ _____
② 別紙／報告する　→ _____
③ 下記／連絡する　→ _____
④ 別紙／返品する　→ _____

다지기 연습

2 제시된 표현을 넣어 다음 문장을 일본어로 옮기시오.

① 귀사가 더욱 번창하시기를 기원합니다.
(盛栄)

→ _____

② 이미 도착했을 것으로 생각됩니다.
(拝察する)

→ _____

③ 동봉 청구서와 같이 청구합니다.
(お／ご〜申し上げる)

→ _____

④ 우선은 서둘러 부탁드립니다.
(取り急ぎ)

→ _____

3 제시된 어구를 사용해서 당신의 회사가 일본의 회사에 대금을 청구하는 문서를 작성해 보시오.

> カラーレーザープリンター代金／標記製品／3月20日／貴社営業部に納品／
> 同封／請求書／請求申し上げます／よろしくご手配

→ _____
_____
_____
_____

06 납기 지연에 대한 항의

● 여러 번의 연락에도 불구하고 납기를 지키지 않는 상대에 대한 항의 문서이다. 사실을 냉정히 말하고 상대의 선처나 협력을 요청하는 문서이다.

資S-8001
2018年6月15日

湘南電機株式会社
営業部長　佐々木二郎様

大慶電機株式会社
資材部長　金一勉　㊞

納期遅延について

拝啓　貴社ますますご繁栄のこととお喜び申し上げます。平素は何かとご高配を賜り感謝申し上げます。

さて、3月10日付で貴社に注文いたしました発電機部品XG-12の件ですが、お約束の納期4月末から1か月半も経過しておりますが、いまだ同品は届いておりません❶。

その間、再三にわたって電話で問い合わせ❷、督促をさせていただきましたが、いまだ納得のいくご回答をいただけず、いたずらに時間が過ぎております❸。

当社組立工程上に多大な支障をきたす❹とともに、これが原因で当社の納入先への搬入が遅滞しますと、これまた大変なことになるのは明らかです。注文いたしました際も、納期につきましては特別のご配慮をお願いしており、ご回答もいただけない状態を大変遺憾に存じております❺。

ここに書面をもって厳重に抗議を申し上げるとともに、下記の点について至急ご回答くださるようお願いいたします。

敬具

記
1　遅延の原因事由
2　確実な納期日時
3　今後の対応について

以上

어구 설명 콕!

1. いまだ～ない(未だ～ない) ••• 아직 ~하지 않다

「まだ～ない」와 같은 의미이다.

예) 工事が始まって5年もたったのに、そのプロジェクトはいまだ完成していません。
공사가 시작되어 5년이 지났으나 그 프로젝트는 아직 완성되지 않고 있습니다

新企画はいまだその全貌をあらわしていません。
신기획은 여전히 그 전모를 드러내지 않고 있습니다.

予定を1週間過ぎたのに、いまだ納品がありません。
예정을 1주일 넘겼음에도 아직 납품이 없습니다.

2. 再三にわたって～する ••• 여러 번에 걸쳐 ~하다

「再三～する、再三再四～する、何度も～する、たびたび～する」등도 같은 의미이다.

예) 関係官庁に再三にわたって足をはこんで、やっと開発の許可を受けました。
관계 관청에 여러 번에 걸쳐 찾아가 겨우 개발 허가를 받았습니다.

再三にわたる警告にもかかわらず、貴社の商標は当社のものと類似しています。
여러 번에 걸친 경고에도 불구하고 귀사의 상표는 당사의 것과 유사합니다

3. いたずらに～する ••• 공연히(헛되이, 쓸데없이)~하다

예) いたずらに騒ぎたてても事態は解決しません。
공연히 소란을 피워도 사태는 해결되지 않습니다.

基礎研究にいたずらに時間を費やして、商品化には成功しませんでした。
기초연구에 헛되이 시간을 낭비하여 상품화에는 성공하지 못했습니다.

4. ～に支障をきたす ••• ~에 지장을 초래하다

예) 今回の停電で業務に大変な支障をきたしました。
이번 정전으로 업무에 큰 지장을 초래하였습니다.

当社の営業にも支障をきたしておりますので、早急にカタログをご送付くださるようお願い申し上げます。
당사의 영업에도 지장을 초래하고 있으므로 긴급히 카탈로그를 송부하여 주시기를 부탁말씀 올립니다.

5. ～を遺憾に思う ••• ~을(를) 유감으로 생각하다

예) 予定通りの性能に仕上がらなかったことを遺憾に存じます。
예정했던 대로의 성능으로 만들어지지 않음을 유감으로 생각합니다.

遺憾に思うとおっしゃるだけでは問題の解決になりません。
유감으로 생각한다고 말씀하시는 것만으로는 문제 해결이 되지 않습니다.

등장! 새로운 단어

- 納期(のうき) •• 납기
- 遅延(ちえん) •• 지연
- ～付(づけ) •• ～(일)자
- 注文(ちゅうもん) •• 주문
- 発電機(はつでんき) •• 발전기
- 部品(ぶひん) •• 부품
- ～件(けん) •• ～건
- 約束(やくそく) •• 약속
- 経過(けいか)して •• 경과하여
- いまだ •• 아직, 여전히
- 同品(どうひん) •• 동품
- 届(とど)いて •• 도착해, 도달해
- その間(かん) •• 그 간, 그 사이에
- 再三(さいさん)にわたって •• 여러 번에 걸쳐
- 問(と)い合(あ)わせ •• 문의
- 督促(とくそく) •• 독촉
- 納得(なっとく)のいく •• 납득이 가는
- 回答(かいとう) •• 회답
- いただけず •• 받지 못하고
- いたずらに •• 헛되이
- 過(す)ぎて •• 지나가고
- 組立工程(くみたてこうてい) •• 조립 공정
- 多大(ただい)な •• 다대한
- 支障(ししょう) •• 지장
- きたす •• 초래하다
- ともに •• 함께
- 原因(げんいん) •• 원인
- 納入先(のうにゅうさき) •• 납품처
- 搬入(はんにゅう) •• 반입
- 遅滞(ちたい)しますと •• 지연하면
- これまた •• 이것 또한
- 大変(たいへん)なこと •• 큰 일
- 明(あき)らか •• 명확함
- ～際(さい) •• ～(ㄹ) 때
- 特別(とくべつ)の •• 특별한
- 配慮(はいりょ) •• 배려
- 状態(じょうたい) •• 상태
- 遺憾(いかん)に •• 유감으로
- 書面(しょめん) •• 서면
- 厳重(げんじゅう)に •• 엄중히
- 抗議(こうぎ) •• 항의
- 下記(かき)の •• 아래의
- ～点(てん) •• ～점
- 至急(しきゅう) •• 지급, 긴급
- 事由(じゆう) •• 사유
- 確実(かくじつ)な •• 확실한
- 今後(こんご) •• 금후
- 対応(たいおう) •• 대응

표현 변신하기

납기 지연 사실을 알림 •••

さる3月10日付で注文申し上げました太陽電池SB-3は、納期を30日過ぎましたが、いまだ着荷いたしておりません。

지난 3월 10일자로 주문드린 태양전지 SB-3이 납기를 30일 경과했습니다만, 아직 도착하지 않았습니다.

前略、去る10月1日付注文書にてお願い申し上げましたスーパーキムチが未着荷となっております。

전략, 지난 10월 1일자 주문서에서 말씀 올린 슈퍼김치가 아직 도착하지 않고 있습니다.

5月15日付でご注文申し上げましたホームベーカリーにつきまして、納期を大幅に過ぎましてもご送品いただいておりませんが、いかがされたのでしょうか。

5월 15일자로 주문드린 홈 베이커리가 납품 기일이 크게 지났음에도 아직 물품을 받지 못하였습니다만, 어떻게 된 것인지요?

注文書14-25の品は、すでに納期を20日も過ぎましたが、いまだに着荷いたしません。

주문서 14-25의 물품은 이미 납품 기일이 20일이나 지났습니다만, 아직도 도착하지 않고 있습니다.

납기 지연에 대한 당사 입장 밝히기 •••

弊社在庫も底をつき始めており、これ以上の遅延は弊社の生産計画に大きな支障をきたすばかりか、お取引先に対する信用失墜にもつながりかねません。

폐사 재고도 바닥을 드러내고 있어, 이 이상의 지연은 폐사의 생산 계획에 큰 지장을 초래할 뿐만 아니라 거래처에 대한 신용 실추로 이어질 지도 모릅니다.

これ以上遅延するようでしたら、当注文をキャンセルさせていただき、今後のお取引も遠慮させていただくほかございませんので、ご了承いただきたく存じます。

이 이상 지연되게 되면 당 주문을 취소하고 앞으로의 거래도 사양할 수밖에 없으므로 양해하여 주시기 바랍니다.

これ以上の遅延は当社の信用問題にもなりかねませんので、やむをえず他社より購入いたします。

이 이상의 지연은 당사의 신용 문제가 될 지도 모르므로 어쩔 수 없이 타사로부터 구입하겠습니다.

つきましては、5月末日までにご納品いただけない場合は、本契約を解約せざるをえませんので、あしからずご了承ください。

이에 5월 말일까지 납품받을 수 없는 경우는 본 계약을 해약하지 않을 수 없으므로 양해하여 주시기 바랍니다.

다지기 연습

1 제시된 표현을 사용해서 다음과 같이 문장을 만들어 보시오.

1) 〜ておりますが／いまだ〜ておりません

> １か月半も経過する／届く
> → １か月半も経過しておりますが、いまだ届いておりません。

① 何度もチャレンジする／合格する　→ _____
② 督促する／受け取る　→ _____
③ 申請する／許可される　→ _____
④ 検討する／決定する　→ _____

2) 〜につきましては／〜をお願いしています

> 納期／特別のご配慮
> → 納期につきましては特別のご配慮をお願いしています。

① 価格引き下げ／最大限の努力　→ _____
② 今回のプロジェクト／課員全員のご協力　→ _____
③ 完成品の点検／細心の注意　→ _____
④ 性能テスト／あらゆる状況を想定したもの　→ _____

3) 〜について／くださるようお願いします

> 下記の点／至急回答する
> → 下記の点について至急ご回答くださるようお願いします。

① 価格／連絡する　→ _____
② 特許使用料／提示する　→ _____
③ 開催日時／決定する　→ _____
④ 請求内容／確認する　→ _____

다지기 연습

2 제시된 표현을 넣어 다음 문장을 일본어로 옮기시오.

① 약속 납기를 2개월이나 넘기고 있습니다.
(お約束の、過ぎる)

→ _____

② 아직 보고받지 못했습니다.
(いまだ)

→ _____

③ 매우 유감스럽게 생각하고 있습니다.
(遺憾に)

→ _____

④ 서면으로 엄중하게 항의 말씀 드립니다.
(書面、厳重に)

→ _____

3 안에 제시된 어구를 사용해서 당신의 회사가 일본의 회사에 납기 지연을 항의하는 문서를 작성해 보시오.

納期／過ぎる／ご送品いただいておりません／何度も／お問い合わせ／
回答をいただけない／これ以上遅れる／注文をキャンセルする／誠意あるご回答

→ _____
_____
_____
_____

07 품절 통지

- 주문품 품절을 통지하는 문서이다. 상대가 납득할 수 있는 객관적인 이유를 설명하고 양해를 구하는 겸허한 문장이 요구된다.

営18-0725

2018年7月10日

株式会社未来百貨店
仕入れ部　山田実様

ソウル商事株式会社
営業部　劉秀賢

ご注文品品切れのお知らせ

　拝啓　盛夏の候、貴社ますますご清栄のこととお喜び申し上げます。平素は格別のご高配をいただき厚くお礼申し上げます。

　さて、このたびは、SUNNY「MR30」をご注文いただき誠にありがとうございました。大変申し訳ございませんが、当該❶製品はただ今品切れとなっております❷。メーカーに問い合わせましたところ、9月下旬には入荷する予定とのこと❸でございました。製品が入荷し次第❹ご連絡申し上げますので、今しばらく❺お待ち下さいますようお願い申し上げます。

　ご希望に添えず誠に申し訳ございませんが、今後とも弊社をお引き立て下さいますようお願い申し上げます。

　とりあえず書中にてお詫びかたがたお知らせ申し上げます。

敬具

어구 설명 콕!

1. 当該(とうがい) ••• 당해

예) 当地(とうち)におきましても、当該製品(せいひん)の品薄状態(しなうすじょうたい)が続(つづ)いている状況(じょうきょう)でございます。
이곳에서도 당해 제품의 부족 상태가 계속되고 있는 상황입니다.

当該品(ひん)は返品(へんぴん)させていただくとともに、代替品(だいたいひん)を至急納入(しきゅうのうにゅう)してくださるようお願い申し上げます。
당해 제품의 반품과 더불어 대체품을 긴급히 납입하여 주시기를 부탁드립니다.

2. ～となる ••• ~가 되다

「～になる」라고도 표현한다.

예) 予想以上(よそういじょう)の売(う)れ行(ゆ)きで、すでに仕入(しい)れ分完売(ぶんかんばい)となっております。
예상 이상의 판매로 이미 구입분이 매진이 되었습니다.

今回(こんかい)は非常(ひじょう)にお求(もと)めやすい価格(かかく)となっております。
이번에는 매우 구입하기 편안한 가격이 되었습니다.

3. ～とのこと ••• 라는 것

타인으로부터 전해들은 사항을 나타내는 표현이다.

예) 契約(けいやく)を破棄(はき)なさりたいとのことでございますが、当方(とうほう)といたしましては承諾(しょうだく)しかねます。
계약을 파기하고 싶으시다는 것인데, 저희로서는 승낙하기 어렵습니다.

東京市場(とうきょうしじょう)に新規上場(しんきじょうじょう)なさったとのこと、誠(まこと)におめでとうございます。
도쿄시장에 신규 상장하신 것을 참으로 축하드립니다.

メーカーからの連絡(れんらく)によれば、来年(らいねん)にはモデルチェンジを予定(よてい)しているとのことでございます。
메이커로부터의 연락에 따르면 내년에는 모델 변경을 예정하고 있다고 합니다.

4. (동사의 연용형) + 次第(しだい) ~(되)면 바로

어떤 일이 실현되면 바로 다음 행위로 옮기는 것을 나타낸다.

예) 事故(じこ)の経過(けいか)がわかり次第、くわしくご報告(ほうこく)申し上げます。
사고 경과를 알게 되면 바로 자세하게 보고 올리겠습니다.

予定(よてい)が決定(けってい)し次第、ご連絡(れんらく)をいただきますようお願(ねが)いいたします。
예정이 결정되면 바로 연락주시기를 부탁드립니다.

5. 今(いま)しばらく ••• 앞으로 조금(잠시)

예) 11月30日までにご送金(そうきん)いたしますので、今(いま)しばらくご猶予(ゆうよ)賜(たまわ)りたいと存(ぞん)じます。
11월 30일까지는 송금하여 드리겠으니 잠시 유예하여 주셨으면 합니다.

景気(けいき)の動向(どうこう)が不透明(ふとうめい)ですので、今しばらく様子(ようす)を見ようと考えております。
경기 동향이 불투명하므로 앞으로 조금 상황을 지켜보려고 생각하고 있습니다.

등장! 새로운 단어

- 仕入れ •• 구입
- 注文品 •• 주문품
- 品切れ •• 품절
- お知らせ •• 통지
- 盛夏 •• 한여름
- このたび •• 이번에
- 誠に •• 참으로
- 申し訳ございません •• 죄송합니다
- 当該 •• 당해
- 製品 •• 제품
- ただ今(只今) •• 현재
- メーカー •• 메이커
- 問い合わせましたところ •• 문의한 바
- 下旬 •• 하순
- 入荷する •• 입하하다
- 予定 •• 예정
- 連絡 •• 연락
- 今しばらく •• 앞으로 조금
- 待つ •• 기다리다
- 希望 •• 희망
- 添う •• 부응하다
- お引き立て下さい •• 후원(배려)해 주십시오
- 詫び •• 사죄
- お知らせ申し上げます •• 알려드립니다

표현 변신하기

품절 통지 ...

さて、10月10日付でご注文いただきましたコーヒーメーカーは、ただいま品切れとなっております。同品は発売以来人気沸騰状態にあり、今しばらく品薄状態が続くものと思われます。入荷の折には急ぎご通知申し上げますので、今しばらくのご猶予をお願い申し上げます。

그런데 10월 10일자로 주문하신 커피 메이커는 지금 품절입니다. 동품은 발매 이래 인기가 비등 상태에 있어 당분간은 물품 부족 상태가 계속될 것으로 생각됩니다. 입하 시에는 서둘러 통지드리겠으니 조금 더 기다려 주시기를 바랍니다.

さて、5月1日付でご注文いただきました当社製エアコン「アイスクール」は、誠に申し訳ございませんが半月ほど前から品切れになっております。当社といたしましても、皆様からのご注文にお応えできるよう増産態勢をとって、フル生産に努めておりますので、今月中には出荷できるものと存じます。

그런데 5월 1일자로 주문하신 당사 제조 에어컨 『아이스쿨』은 참으로 죄송합니다만 반달 정도 전에 품절되었습니다. 당사로서도 여러분들의 주문에 응할 수 있도록 증산 태세를 취해 풀가동으로 노력하고 있으므로 이달 중에는 출하할 수 있을 것으로 생각합니다.

せっかくのご注文ではございますが、当該製品はすでに生産中止となっております。しかし、来月には改良新製品DS-700を発売する予定でございますので、同封の新製品カタログをご覧のうえ、ご注文をいただきますようお願い申し上げます。

모처럼의 주문이십니다만 해당 제품은 이미 생산 중지되었습니다. 그러나 다음 달에는 개량 신제품 DS-700을 발매할 예정이므로 동봉한 신제품 카탈로그를 보신 후 주문하여 주시기를 부탁드립니다.

품절 사과하기 ...

品切れのため大変ご迷惑をおかけいたしますが、入荷し次第至急お送り申し上げますので、今しばらくお待ち下さいますようお願い申し上げます。

품절로 인해 크게 폐를 끼치고 있습니다만 입하되는 즉시 보내 드리겠으니 잠시 기다려 주시기를 부탁드립니다.

ご希望に添うことが出来ず大変遺憾に存じますが、今後とも弊社の製品をお引き立ていただきますよう、切にお願い申し上げます。

희망에 부응하지 못해 정말 유감으로 생각합니다만, 앞으로도 폐사의 제품을 이용하여 주시기를 간절히 부탁드립니다.

ご迷惑をおかけし申し訳ございませんが、ご了承を賜りたくお願い申し上げます。

폐를 끼쳐 죄송합니다만, 양해하여 주시기를 부탁드립니다.

다지기 연습

1 제시된 표현을 사용해서 다음과 같이 문장을 만들어 보시오.

1) ただ今～となる

> 品切れ
> → ただ今品切れとなっております。

① ベストセラー　　　→ ＿＿＿＿＿＿＿＿＿＿＿＿＿
② 生産中断　　　　　→ ＿＿＿＿＿＿＿＿＿＿＿＿＿
③ お得意様割引価格　→ ＿＿＿＿＿＿＿＿＿＿＿＿＿
④ 許可待ちの状態　　→ ＿＿＿＿＿＿＿＿＿＿＿＿＿

2) ～ところ／～とのこと

> 問い合わせる／入荷する予定
> → 問い合わせましたところ、入荷する予定とのことでございました。

① 調査する／将来有望な業種　→ ＿＿＿＿＿＿＿＿
② 尋ねる／生産完了した　　　→ ＿＿＿＿＿＿＿＿
③ 確認する／お送りした　　　→ ＿＿＿＿＿＿＿＿
④ 調べる／中国製　　　　　　→ ＿＿＿＿＿＿＿＿

3) ～次第／お(ご)～申し上げる

> 入荷／連絡する
> → 入荷し次第ご連絡申し上げます。

① 完成／報告する　→ ＿＿＿＿＿＿＿＿＿＿＿＿＿
② 入手／送付する　→ ＿＿＿＿＿＿＿＿＿＿＿＿＿
③ 到着／届ける　　→ ＿＿＿＿＿＿＿＿＿＿＿＿＿
④ わかる／知らせる→ ＿＿＿＿＿＿＿＿＿＿＿＿＿

다지기 연습

2 제시된 표현을 넣어 다음 문장을 일본어로 옮기시오.

① 정말 죄송합니다.
　(申し訳)

→ _____

② 당해 제품은 지금 품절입니다.
　(当該)

→ _____

③ 다음 달에는 입하할 예정입니다.
　(とのこと)

→ _____

④ 희망에 부응하지 못하여 정말로 죄송합니다.
　(希望に添う)

→ _____

3 제시된 어구를 사용해서 당신의 회사가 일본의 회사에 주문품 품절을 전하는 문서를 작성해 보시오.

> 2月10日付／ご注文いただく／携帯電話／ただ今／品切れ／世界的に人気／
> までには／出荷できる／お待ちください／お願い申し上げます

→ _____
_____
_____
_____

사양서 · 견본 송부 의뢰

여러 경위로 알게된 상품에 관심을 갖게 되었을 때, 그 제품의 구입 여부를 검토하기 위해 사양서나 견본의 송부를 의뢰하는 문서이다. 조건 없는 송부를 부탁하는 것이므로 특히 정중하게 의뢰하여야 한다.

2018年1月20日

東海電子株式会社御中

株式会社ヘルシーライフ
営業部長　金一勉　㊞

仕様書・見本送付のお願い

拝啓　厳寒の候、貴社いよいよご清栄のこととお喜び申し上げます。

　さて、まことに突然で恐縮ですが❶、貴社製品の仕様書・見本をご送付いただきたく、本状❷を差し上げます❸。

　弊社は、韓国ソウルに本社を置き、韓国主要都市で健康器具の販売を行っております。このたび、マッサージ関連の商品をさがしておりましたところ、業界誌で貴社の新製品「マッサージチェアーVシリーズ」を拝見しました。最近韓国では健康器具がブームとなっておりますが、韓国内には類似品が無く、現時点で販売いたしましたら、相当数の需要が見込めるものと思われます❹。したがって、条件が合いますならば❺、弊社として同製品をお取り扱いさせていただきたいものと考えております❻。

　つきましては、お手数ですが、シリーズの代表的な商品3〜4点の仕様書ならびに見本を至急ご送付くださいますよう、よろしくお願い申し上げます。なお、見本代金が必要な場合は、その旨ご連絡ください。

　まずは、取り急ぎお願いまで。

敬具

어구 설명 콕!

1 **恐縮ですが** ••• 면목 없습니다만, 죄송합니다만

「恐縮」는 대개 상대방에게 무엇인가를 부탁할 때 자주 사용하는 말이다.

예) 無理なお願いで恐縮ですが、よろしくご手配のほどお願い申し上げます。
무리한 부탁을 해 죄송합니다만 잘 조치하여 주시기를 부탁드립니다.

お忙しいところ恐縮ですが、折り返しご回答をお送り下さるようお願いいたします。
바쁘신 중에 죄송합니다만 바로 회답하여 주시기를 부탁드립니다.

2 **本状** ••• 이 편지

「状」는 편지나 문서를 의미한다.「書状(편지)」「年賀状(연하장)」「礼状(감사장)」등으로 쓴다.

예) 万一、本状と行き違いでご送付下さいましたときはご容赦願います。
만일 본 문서와 엇갈려서 보내 주셨다면 용서하여 주시기 바랍니다.

3 **差し上げる** ••• 드리다

「上げる(주다)」의 경어이다.

예) お願いの件がございまして、お手紙を差し上げる次第です。
부탁드릴 일이 있어서 편지를 올리게 되었습니다.

4 **〜と思われる** ••• ~로 생각되다

예) ほとんどの商品に梱包不完全のためと思われる損傷がみられます。
대부분의 상품에 불완전한 포장 때문으로 생각되는 손상이 보입니다.

新聞報道によりますと、被害は意外に多かったものと思われます。
신문 보도에 따르면 피해는 의외로 큰 것으로 생각됩니다.

5 **(명사, 활용어의 종지형 등) + ならば** ••• ~라면

순접의 가정조건을 나타낸다.

예) この価格ならば充分に競争力をもつことができます。
이 가격이라면 충분히 경쟁력을 지닐 수 있습니다.

6 **〜ものと考える** ••• ~인 것으로 생각하다

예) 今回のプロジェクトはきわめて時宜にかなったものと考えられます。
이번 프로젝트는 극히 시기적절한 것으로 생각됩니다.

この技術が今回の開発計画の中心になるものと考えます。
이 기술이 이번 개발 계획의 중심이 될 것으로 생각합니다.

 등장! 새로운 단어

- 仕様書 •• 사양서
- 見本 •• 견본
- 送付 •• 송부
- 突然 •• 돌연
- 恐縮ですが •• 죄송합니다만
- 製品 •• 제품
- 本状 •• 본 서신
- 差し上げる •• 드리다
- 本社 •• 본사
- 置く •• 두다
- 主要都市 •• 주요 도시
- 健康器具 •• 건강 기구
- 販売 •• 판매
- このたび •• 이번에
- マッサージ •• 마사지
- 関連 •• 관련
- 商品 •• 상품
- さがす •• 찾다
- 業界誌 •• 업계지
- 新製品 •• 신제품
- マッサージチェアー •• 마사지 의자
- シリーズ •• 시리즈
- 拝見する •• 보다
- 最近 •• 최근
- ブーム •• 붐
- 類似品 •• 유사품
- 現時点 •• 현 시점
- 相当数 •• 상당수
- 需要 •• 수요
- 見込める •• 예상할 수 있다
- したがって •• 따라서
- 条件 •• 조건
- 合う •• 맞다
- 取り扱う •• 취급하다
- お手数ですが •• 번거로우시겠지만
- 代表的な •• 대표적인
- 至急 •• 조속히
- 代金 •• 대금
- 必要な •• 필요한
- 場合 •• 경우
- その旨 •• 그 뜻
- 連絡 •• 연락

표현 변신하기

견적서 송부 요청

さて、さっそくですが、下記の貴社取り扱い品について至急見積書をご送付くださいますようお願い申し上げます。

> 그런데 바로 용건을 말씀드리자면 아래의 귀사 취급 물품에 관해 긴급히 견적서를 송부하여 주시기를 부탁드립니다.

さて、早速ですが、貴社の商品カタログ2018年夏号125ページにあります商品番号40031の商品「電子温度・湿度計」を仕入れたく存じます。つきましては、お手数とは存じますが、下記につきまして見積書をご送付賜りたく、お願い申し上げます。

> 그런데 바로 용건입니다만 귀사의 상품 카탈로그 2018년 여름호 125페이지에 있는 상품 번호 40031의 상품 「전자 온도·습도계」를 구입하고자 합니다. 이에 수고스러우시겠지만 아래의 물품에 대한 견적서를 송부하여 주시기를 부탁드립니다.

さっそくではございますが、先日拝見いたしました貴社新製品見本のうち、下記につきまして見積書をご送付いただきたく、お願い申し上げます。

> 바로 말씀드리자면 요전에 보았던 귀사 신제품 견본 중 아래 물품에 대한 견적서를 송부하여 주시기를 부탁 말씀 드립니다.

견본 및 자료 송부 요청

つきましては、ご多用中恐縮ですが、弊社の検討材料として見本各1台をご送付くださいますようお願いいたします。

> 이에 바쁘신 중에 죄송합니다만, 폐사의 검토 자료로서 견본 각 한 대씩을 송부하여 주시기를 부탁드립니다.

さっそくですが、下記の製品につきまして、仕様書を至急お送り下さいますようお願い申し上げます。

> 바로 용건을 말씀드리자면, 아래 제품에 관한 사양서를 급히 보내 주시기를 부탁드립니다.

つきましては、お手数ではございますが、商品の現物見本と詳細な資料、価格表など一式をご恵送下さいますようお願い申し上げます。

> 이에 수고스러우시겠지만, 상품의 실물 견본과 상세한 자료, 가격표 등 한 벌을 송부하여 주시기를 부탁 말씀 올립니다.

다지기 연습

1 제시된 표현을 사용해서 다음과 같이 문장을 만들어 보시오.

1) ～ておりましたところ／～を拝見する

> DVD関連商品をさがす／貴社の新製品
> → DVD関連商品をさがしておりましたところ、貴社の新製品を拝見しました。

① 業界紙を読む／貴社の記事 → _____
② テレビのニュースを見る／貴社会長のインタビュー → _____
③ パソコン雑誌を読む／貴社製品の紹介記事 → _____
④ 見本市を見学する／貴社のブース → _____

2) ～たら／～と思われる

> 販売いたす／需要が見込める
> → 販売いたしましたら、需要が見込めるものと思われます。

① 日本で公開する／大ヒットする → _____
② 値段を下げる／売り上げが増大する → _____
③ 両社が協力する／世界をリードできる → _____
④ このままで発売する／特許を侵害する → _____

3) ～ならば／～たい

> 条件が合う／取り扱う
> → 条件が合うならば、取り扱いたいものと考えております。

① 当社の規準に達する／お取引する → _____
② 最低数量を保証していただける／値下げする → _____
③ 価格を引き下げられる／輸入する → _____
④ 景気が回復する／増産する → _____

다지기 연습

2 제시된 표현을 넣어 다음 문장을 일본어로 옮기시오.

① 잡지에서 귀사의 소개를 보았습니다.
（拝見）

→ _____

② 한국에서는 축구 관전이 붐입니다.
（ブーム）

→ _____

③ 상당수의 판매가 예상되리라 생각됩니다.
（見込める）

→ _____

④ 급히 견본을 보내 주시도록 부탁드립니다.
（ご～くださいますよう）

→ _____

3 제시된 어구를 사용해서 당신의 회사가 일본의 회사에 견본 송부를 의뢰하는 문서를 작성해 보시오.

弊社／貴社新発売／サングラス／仕入れ／検討する／お手数／下記製品／
見本ご送付／取り急ぎ

→ _____
_____
_____
_____

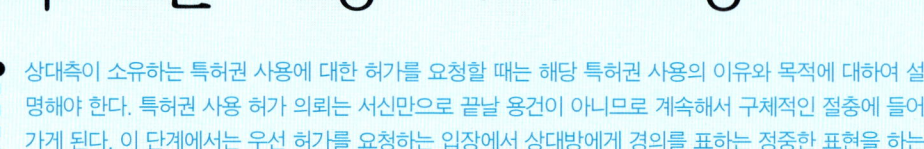

● 상대측이 소유하는 특허권 사용에 대한 허가를 요청할 때는 해당 특허권 사용의 이유와 목적에 대하여 설명해야 한다. 특허권 사용 허가 의뢰는 서신만으로 끝날 용건이 아니므로 계속해서 구체적인 절충에 들어가게 된다. 이 단계에서는 우선 허가를 요청하는 입장에서 상대방에게 경의를 표하는 정중한 표현을 하는 것이 중요하다.

2018年3月5日

東京メディカル株式会社御中❶

ソウル医療機器株式会社
代表取締役理事　李寧夏

貴社特許権使用のお願い

拝啓　早春の候、貴社ますますご清祥のこととお慶び申し上げます。

　さて、弊社は1990年に創立した医療機器を中心に❷製造する機械メーカー❸で、取引先は韓国全域の総合病院、医療機関に及んでおります❹。

　このたび弊社では、きたるべき❺韓国の超高齢化社会を前に❻、身障者とくに老人をサポートする医療機器の製造販売を立案中で、その中で貴社ご出願の特許(韓国特許123456号)を使用させていただきたく存じております。

　つきましては、弊社の会社案内、事業計画書を同封いたしますので、ご高覧の上、特許使用のご許可をお願い申し上げます。なお、特許使用の条件、申請書類につきましてもご教示いただきたく、近日中にご連絡申し上げます。

　まずは、取り急ぎお願いまで。

敬具

어구 설명 콕!

1 御中^{おんちゅう} ••• 귀하

상대 회사나 단체에 우편물을 보낼 때 상대의 명칭 뒤에 붙이는 경어 표현이다.

예) 東京大学生産技術研究所御中　도쿄대학 생산기술연구소 귀하
　　経済産業省製造産業局産業機械課御中　경제산업성 제조산업국 산업기계과 귀하

---

2 ～を中心に ••• ~을 중심으로

예) 弊社を中心に、グループ10社が力を合わせて開発にあたります。
　　폐사를 중심으로 그룹 10사가 힘을 합하여 개발에 임하겠습니다.
　　本年は新製品「ナノメイト」を中心に事業を展開していこうと考えております。
　　금년은 신제품 「나노메이트」를 중심으로 사업을 전개해 가려고 생각 하고 있습니다.

---

3 メーカー ••• 메이커, 제조 회사

대기업이나 유명회사를 가리키는 경우도 있다.

예) この製品には1年間のメーカー保証がついております。　이 제품에는 1년간 제조사 보증이 붙어 있습니다.
　　メーカー品ですので間違いはないと信じて導入しました。
　　유명 회사 제품이므로 틀림없을 것으로 믿고 도입했습니다.

---

4 ～に及ぶ ••• ~까지 미치다, ~까지 달하다

예) 弊社の輸出先は中近東、アフリカにまで及んでおります。
　　폐사의 수출처는 중근동, 아프리카에까지 미치고 있습니다.
　　貴社が開発された新技術が業界に与える影響は、国内のみならず全世界に及ぶものと存じます。
　　귀사가 개발하신 신기술이 업계에 끼치는 영향은 국내만이 아니라 전 세계에 이르고 있다고 생각합니다.

---

5 きたるべき ••• 다가오게 될 (수밖에 없는) ~

예) きたるべきデジタル放送時代には、飛躍的にチャンネルの数が増大します。
　　다가오게 될 디지털 방송 시대에는 비약적으로 채널 수가 증대합니다.
　　きたるべき金融自由化に備えて、今後一層の発展を期する所存でございます。
　　다가오게 될 금융자유화에 대비해 앞으로 한층 더 발전을 기할 생각입니다.

---

6 ～を前に ••• ~을(를) 앞두고

예) 政府の規制緩和を前に、企業の設立ラッシュがおきております。
　　정부의 규제 완화를 앞두고 기업 설립 러시가 일어나고 있습니다.
　　輸入完全自由化を前に、国内産業の基盤強化が望まれます。
　　수입 완전 자유화를 앞두고 국내 산업의 기반 강화가 요망됩니다.

등장! 새로운 단어

- 特許権(とっきょけん) •• 특허권
- 使用(しよう) •• 사용
- 創立(そうりつ) •• 창립
- 医療機器(いりょうきき) •• 의료 기기
- 中心(ちゅうしん) •• 중심
- 製造(せいぞう)する •• 제조하다
- 機械(きかい)メーカー •• 기계 제조 회사
- 取引先(とりひきさき) •• 거래처
- 全域(ぜんいき) •• 전역
- 総合病院(そうごうびょういん) •• 종합병원
- 医療機関(いりょうきかん) •• 의료기관
- 及(およ)ぶ •• 미치다, 도달하다
- このたび •• 이번에
- きたるべき •• 다가오게 될
- 超高齢化社会(ちょうこうれいかしゃかい) •• 초고령화 사회
- 前(まえ) •• 전
- 身障者(しんしょうしゃ) •• 신체 장애자
- とくに •• 특히
- 老人(ろうじん) •• 노인
- サポートする •• 서포트하다
- 販売(はんばい) •• 판매
- 立案中(りつあんちゅう) •• 입안 중
- 出願(しゅつがん) •• 출원
- 会社案内(かいしゃあんない) •• 회사 안내
- 事業計画書(じぎょうけいかくしょ) •• 사업 계획서
- 同封(どうふう) •• 동봉
- 高覧(こうらん) •• 살펴봄(경어)

- 許可(きょか) •• 허가
- 条件(じょうけん) •• 조건
- 申請書類(しんせいしょるい) •• 신청 서류
- つきましては •• 이에
- 教示(きょうじ) •• 교시
- 近日中(きんじつちゅう) •• 근일 중, 가까운 시일 내
- 連絡(れんらく) •• 연락

표현 변신하기

특허 사용 허가 요청

さて、弊社ではこのたびデジタルカメラの生産を開始するべく準備を進めてまいりましたが、弊社の製品に貴社ご所有の特許(露出制御回路、特許123456号)を使用させていただきたく、お願い申し上げる次第でございます。

다름이 아니오라, 폐사에서는 이번에 디지털 카메라의 생산을 개시하기 위해 준비를 해 오고 있습니다만, 폐사의 제품에 귀사 소유의 특허(노출제어회로, 특허 123456호)를 사용하고자 부탁 말씀 올리게 되었습니다.

さて、貴社がご所有されている自動旋盤に関する特許(特許321234号)を、当社が精密機械部品を製造するために使用させていただきたく、貴社のご意向をお伺いできればと本状を差し上げる次第でございます。

다름이 아니오라, 귀사가 소유하고 계시는 자동선반에 관한 특허(특허 321234호)를 당사가 정밀 기계 부품의 제조를 위해 사용하고자 귀사의 의향을 여쭙는 본 서신을 올리는 바입니다.

さて、弊社では貴社ご所有の特許(特許321234号)を使用させていただき、電子部品を製造販売する計画を進めております。つきましては、同特許権を使用するご許可をいただきたくお願い申し上げます。

다름이 아니오라 귀사 소유의 특허 321234호를 사용하여 전자 부품을 제조 판매할 계획을 추진하고 있습니다. 이에 동 특허권 사용을 허가하여 주시기를 부탁드립니다.

특허권 사용에 대한 조회 요청

近日中に貴社にお伺いして直接お願いし、可能であるならば、条件などについてご教示いただきたく存じます。後日お電話を差し上げますので、よろしくお取り計らい下さいますようお願い申し上げます。

가까운 시일 내로 귀사를 찾아뵙고 직접 부탁 말씀 올리고 가능하다면 조건 등에 관하여 알려주셨으면 합니다. 후일 전화를 드리겠으니 잘 배려해 주시기를 부탁 올립니다.

近日中に貴社をお訪ねし、くわしくお話を承りたいと存じておりますが、とりあえず書面にてご照会申し上げます。

근일 중으로 귀사를 방문하고 자세한 말씀을 듣고자 생각하고 있으나 우선 서면으로 조회를 부탁드립니다.

つきましては、本実施権の許諾および必要条件に関して御社のご意向を拝聴させていただきたく存じます。お忙しいところ恐縮でございますが、お目にかかる機会をいただければ幸甚に存じます。

이에 본 실시권의 허락 및 필요 조건에 관해서 귀사의 의향을 듣고자 합니다. 바쁘신 데 죄송합니다만, 뵐 기회를 주시면 다행으로 생각하겠습니다.

다지기 연습

1 제시된 표현을 사용해서 다음과 같이 문장을 만들어 보시오.

1) 中心／製造

> 医療機器／機械
> → 医療機器を中心に製造する機械メーカーです。

① トラック／自動車　→ _____
② ピアノ／楽器　→ _____
③ パソコン／電子機器　→ _____
④ 炭素繊維／合成繊維　→ _____

2) ～に及ぶ

> 取引先／韓国全域
> → 取引先は韓国全域に及んでおります。

① 輸出先／アジア各国　→ _____
② 納入先／企業研究所、大学　→ _____
③ 生産品目／1000種類　→ _____
④ 影響／韓国社会全体　→ _____

3) きたるべき／前に

> 韓国／超高齢化社会
> → きたるべき韓国の超高齢化社会を前に

① テレビ放送／デジタル化　→ _____
② 世界／食糧危機　→ _____
③ 大学入学者／減少　→ _____
④ 離婚家庭／増大　→ _____

다지기 연습

2 제시된 표현을 넣어 다음 문장을 일본어로 옮기시오.

① 의료기기를 중심으로 제조하는 기계 메이커입니다.
（メーカー）

→ _____

② 다가올 한국의 초고령화 사회를 앞두고
（きたるべき）

→ _____

③ 노인을 서포트하는 의료 기기를 제조 판매합니다.
（サポートする）

→ _____

④ 폐사의 회사안내를 동봉합니다.
（いたします）

→ _____

3 제시된 어구를 사용해서 당신의 회사가 일본의 회사에 특허권 사용 허가를 요청하는 문서를 작성해 보시오.

> テレビ受像機ゴースト除去装置関連特許(韓国特許145307号)／
> 電子機器部品メーカー／テレビ、オーディオ関係の部品／主に製造する／
> 貴社ご所有の上記特許／テレビ部品を製造販売するために使用する

→ _____
_____
_____
_____

10 도착물품 수량부족 조회·회답

검품 결과 도착 물품이 부족할 경우에 납품업자에게 조회하는 문서이다. 원인이 불분명한 단계이므로 사실을 냉정하게 전하고 조사와 수습 조치를 요청한다.

営18-1054

2018年10月30日

横浜商事株式会社

　営業本部長　佐藤学様

京畿商会株式会社

営業部長　朴正一

着荷❶品数量不足についてのご照会

拝啓　時下ますますご隆盛のこととお慶び申し上げます。平素は格別のご高配を賜り、厚くお礼申し上げます。

　さて、さる❷9月15日付❸で注文いたしました19インチ液晶デジタルテレビDT-19J、本日荷受けいたしました。さっそく検品いたしましたところ、当社が注文いたしました数量より不足しておりました。納品書には注文どおり50台となっておりますが、現品は5台不足しております。

　なにかの手違い❹かと存じますが、至急ご調査のうえ、折り返し❺不足分をご送付くださるようお願い申し上げます。

　まずは、取り急ぎ着荷品不足のご照会まで。

敬具

어구 설명 콕!

1 着荷·着荷 ••• 화물 도착

예) お約束の納期4月30日を3週間過ぎましても、何のご連絡もなく着荷もしていません。
약속하신 납기 4월 30일을 3주나 경과했음에도 아무런 연락도 없고 화물도 도착하지 않고 있습니다.

5月16日付で発送通知をいただきました標記商品は、本日着荷いたしました。
5월 16일자로 발송을 통지받은 표기 상품은 오늘 도착했습니다.

---

2 さる~ ••• 지난 ~

반대어는 「きたる~」로, 「오는 ~」라는 뜻이다.

예) さる1985年、韓国ソウルで創業いたしました。 지난 1985년 한국 서울에서 창업하였습니다.

さる4月、当社は光州に第2工場を開設いたしました。
지난 4월 당사는 광주에 제2공장을 개설하였습니다.

去る10月1日をもって東京支店を開設いたしました。
지난 10월 1일로 도쿄지점을 개설했습니다.

---

3 (年月日)+付(付け) ••• ~날짜, ~날짜로

예) 私こと、4月1日付をもって東京支社長を命ぜられ、このほど着任いたしました。
저는 4월 1일부로 도쿄 지사장을 명 받아 이번에 부임하였습니다.

12月10日付見積書に基づいて下記のとおり注文申し上げます。
12월 10일자 견적서에 의거하여 아래와 같이 주문드립니다.

---

4 手違い ••• 착오, 실수

일의 순서나 수속이 잘못되었을 때 사용한다.

예) 当方の手違いから発送が1週間遅れてしまいました。 이쪽의 착오로 발송이 1주일 늦었습니다.

郵便局の手違いで包装が破損したものと思われます。 우체국의 실수로 포장이 파손된 것으로 생각됩니다.

調査の結果、倉庫係の手違いから誤送されたものと判明いたしました。
조사 결과 창고 담당의 착오로 잘못 보내진 것으로 판명되었습니다.

---

5 折り返し ••• 바로

무엇인가가 도착하고 곧 왔던 방향으로 되돌아가는 모습. 답장 등을 바로 함.

예) 折り返しご返事下さいますようお願い申し上げます。 바로 답장 주시기를 부탁드립니다.

ご参加のご返事をいただきましたら、折り返し詳細書類をお送り申し上げます。
참가하신다는 답장을 받으면 바로 상세한 서류를 보내 드리겠습니다.

お手数ながら、原因が判明し次第折り返しご連絡をいただきたく存じます。
수고스러우시겠지만 원인이 판명되는 대로 바로 연락을 주셨으면 합니다.

등장! 새로운 단어

- 着荷品・着荷品 •• 도착 물품
- 数量 •• 수량
- 不足 •• 부족
- 照会 •• 조회
- さる •• 지난
- 付 •• ~일자
- 注文 •• 주문
- インチ •• 인치
- 液晶デジタルテレビ •• 액정 디지털 텔레비전
- 本日 •• 금일
- 荷受け •• 보낸 짐을 받음
- さっそく •• 바로
- 検品 •• 검품
- ~より •• ~보다
- 納品書 •• 납품서
- ~どおり •• ~대로
- 現品 •• 현품
- なにかの •• 무엇인가의
- 手違い •• 착오
- 至急 •• 지급
- 調査 •• 조사
- 折り返し •• 바로
- 不足分 •• 부족분

표현 변신하기

수량 부족 통지

さて、10月20日付で注文いたしました貴社製品デジタルカメラ、本日着荷いたしました。ありがとうございました。早速、改めさせていただきましたところ、下記のとおり、注文数より少ないことが判明いたしました。

3月20日付でご注文申し上げました「ホームベーカリー」、本日着荷致しました。早速荷解きして検品致しましたところ、品不足であることが判明致しました。納品書には当社の注文通り1000台となっておりますが、現品は500台しか入っておりませんでした。

(회답의 경우) さて、11月15日付にて発送申し上げましたデジタルカメラ「NS-10」100台のうち20台分につき数量不足とのこと、まことに恐縮いたしております。

다름이 아니오라 10월 20일자로 주문한 귀사 제품 디지털 카메라가 금일 도착하였습니다. 감사합니다. 바로 확인한 결과 아래와 같이 주문 수량보다 적음이 판명되었습니다.

3월 20일자로 주문한 홈 베이커리가 오늘 도착하였습니다. 즉시 짐을 풀어 검품한 결과 물품 부족이 판명되었습니다. 납품서에는 당사의 주문대로 1000대로 되어 있으나 물품은 500대밖에 들어 있지 않았습니다.

다름이 아니오라, 11월 15일자로 발송해 드린 디지털 카메라 NS-10 100대 중 20대분이 수량 부족이라는 사실 참으로 면목이 없습니다.

부족품의 납입 요구

何かの手違いかとは存じますが、至急ご調査のうえ、再度ご送付くださいますようお願い申し上げます。

日頃ミスの少ない貴社にしては珍しいことと存じます。当社と致しましてもお得意様にご迷惑をおかけする事となってしまい、信用問題にもなりかねません。つきましては至急ご調査の上、不足分をご送付下さいますようお願い致します。

(회답의 경우) 早速調査いたしましたところ、作業員のミスということが判明いたしました。当方の監督不行届きでご迷惑をおかけし、お詫び申し上げます。なお、不足分の品につきましては、本日ご送付申し上げましたので、よろしくご査収くださいますようお願い申し上げます。

무엇인가 착오라고 생각됩니다만, 지급 조사하신 후에 다시 송부하여 주시기를 부탁드립니다.

평소 실수가 적은 귀사로서 드문 일이라 생각됩니다. 당사로서도 고객에게 폐를 끼치게 되어 신용 문제가 될지도 모릅니다. 따라서 긴급히 조사하신 후에 부족분을 송부하여 주시기를 부탁드립니다.

바로 조사한 바, 작업원의 실수로 판명되었습니다. 저희의 감독 부주의로 폐를 끼치게 되어 사과 말씀 올립니다. 또한 부족분에 대해서는 오늘 송부하여 드렸으니 잘 받아주시기를 부탁드립니다.

다지기 연습

1 제시된 표현을 사용해서 다음과 같이 문장을 만들어 보시오.

1) **さる／付**

> 9月15日／注文する
> → さる9月15日付で注文いたしました。

① 10月1日／ソウル本社に転勤する　→ ＿＿＿＿＿＿＿＿＿＿＿＿＿＿
② 3月31日／退職する　→ ＿＿＿＿＿＿＿＿＿＿＿＿＿＿
③ 6月7日／発送する　→ ＿＿＿＿＿＿＿＿＿＿＿＿＿＿
④ 2月21日／組織を改編する　→ ＿＿＿＿＿＿＿＿＿＿＿＿＿＿

2) **さっそく～ところ**

> 検品／不足
> →さっそく検品いたしましたところ、不足しておりました。

① 検査／破損　→ ＿＿＿＿＿＿＿＿＿＿＿＿＿＿
② 確認／到着　→ ＿＿＿＿＿＿＿＿＿＿＿＿＿＿
③ 電話／帰宅　→ ＿＿＿＿＿＿＿＿＿＿＿＿＿＿
④ 調査／登録　→ ＿＿＿＿＿＿＿＿＿＿＿＿＿＿

3) **～どおり／～となっている**

> 注文／50台
> → 注文どおり50台となっております。

① 期待／ベストセラー　→ ＿＿＿＿＿＿＿＿＿＿＿＿＿＿
② 予想／冷夏　→ ＿＿＿＿＿＿＿＿＿＿＿＿＿＿
③ ご指示／防音設計　→ ＿＿＿＿＿＿＿＿＿＿＿＿＿＿
④ 設計図／250ミリ　→ ＿＿＿＿＿＿＿＿＿＿＿＿＿＿

다지기 연습

2 제시된 표현을 넣어 다음 문장을 일본어로 옮기시오.

① 지난 11월 1일자로 주문했습니다.
(さる/付)

→ _____

② 바로 검사했습니다.
(さっそく)

→ _____

③ 주문한 수량보다 부족했습니다.
(～より/不足)

→ _____

④ 무언가 착오인 것으로 생각합니다.
(なにかの)

→ _____

3 제시된 어구를 사용해서 당신의 회사가 일본의 회사에 도착 물품의 수량 부족을 조회하는 문서를 작성해 보시오.

さる/付け/注文する/ホームベーカリー/本日/着荷/検品/数量/不足しておりました/納品書/何かの/手違い/至急/ご調査/不足分/ご送付

→ _____
_____
_____
_____

회사 설립 인사장

● 새로운 회사 설립을 거래처, 동업자, 고객 등에게 알리고, 금후의 지원, 거래를 요청하는 문서이다. 세로쓰기로 하면 한층 격조가 높아진다. 새 회사의 개요는 한눈에 파악할 수 있도록 별도로 기입하도록 한다.

2018年10月吉日

株式会社スカイ
　　代表取締役社長　　西崎康宏様

ソウル商事株式会社
　　代表理事　　金栄国　㊞

　謹啓　紅葉の美しい季節となりましたが、皆様方におかれましては❶ますますご清祥のこととお慶び申し上げます。平素は格別なご厚情をたまわり、厚くお礼申し上げます。

　さて、かねてより❷皆様のご支援のもと❸設立準備をいたしておりました私どもソウル商事株式会社が、このたびコンピューター関連の機器およびソフトの販売会社として発足いたすことになりました。これもひとえに❹皆様方のご支援のおかげと心より感謝申し上げる次第でございます。

　誕生早々の会社でございますが、役員はじめ従業員一同、決意を新たに誠心誠意ご奉仕させていただきますので、なにとぞ格別のお引き立て❺を賜りますようお願い申し上げ、ご挨拶とさせていただきます。

敬具

記

1　社　　名　　ソウル商事株式会社
2　所　在　地　　ソウル市江南区駅三洞○○○
3　電　　話　　02-1234-5678（代表）
4　ファクシミリ　02-1234-6789
5　ホームページ　http://www.s-seoul.com
6　設立年月日　　2018年10月1日

以上

어구 설명 콕!

1 ～におかれましては … ~는

조사 「は」의 존경 표현으로 「は→には→におかれては→におかれましては」의 순으로 경어의 정도가 높아진다. 이 외에도 경어의 정도가 높은 유사 표현으로 「～におかせられては」「～におかせられましては」가 있다.

예) 貴社におかれましても、ぜひご協力をお願い申し上げる次第でございます。
귀사에게도 부디 협력을 부탁드리는 바입니다.

橋本様におかれましては、いかがお過ごしでしょうか。
하시모토님은 어떻게 지내고 계신지요.

2 かねてより … 이전부터

예) 当社は、かねてより製造工程の合理化と技術向上に努力いたしてまいりましたが、ここに新しい生産体制が整いまして、価格引き下げが可能になりました。
당사는 이전부터 제조 공정의 합리화와 기술 향상에 노력하여 왔는데, 이제 새로운 생산 체제가 정비되어 가격 인하가 가능하게 되었습니다.

貴社の技術力の高さはかねてより伺っておりました。
귀사의 기술력이 높은 것은 이전부터 듣고 있었습니다.

3 ～のもと … ~ 아래, ~ 밑

어떤 사람이나 조직의 영향력이 미치는 범위를 의미한다.

예) 「日本語能力開発センター」のご協力のもと、日本語会話通信教育講座を開講しております。
일본어 능력개발센터의 협력 아래 일본어회화 통신교육강좌를 열고 있습니다.

皆様方のご支援のもと、再建にはげむ覚悟でございます。
여러분들의 지원 아래 재건에 힘쓸 각오입니다.

4 ひとえに … 오로지

「まったく」,「もっぱら」의 의례적 표현이다.

예) 今日まで無事勤務できましたのも、ひとえに皆様方のご指導とご厚情によるものと心からお礼申しあげます。
오늘까지 무사히 근무할 수 있었던 것도, 오로지 여러분의 지도와 배려 덕택으로 진심으로 감사 말씀 올립니다.

5 お引き立て … 성원, 배려

예) 支店長として崔民洙が就任いたしましたので、よろしくお引き立てのほどをお願い申し上げます。
지점장으로서 최민수가 취임하게 되었으니 잘 성원해 주시기를 부탁 말씀 올립니다.

등장! 새로운 단어

- かねてより •• 전부터
- 皆様（みなさま） •• 여러분
- 支援（しえん） •• 지원
- もと •• 아래에서
- 設立準備（せつりつじゅんび） •• 설립 준비
- 私（わたくし）ども •• 저희들
- 販売会社（はんばいがいしゃ） •• 판매 회사
- 発足（ほっそく） •• 발족
- ひとえに •• 오로지
- おかげ •• 덕분
- 誕生（たんじょう） •• 탄생
- 早々（そうそう） •• 직후
- 役員（やくいん） •• 임원
- 従業員（じゅうぎょういん） •• 종업원
- 一同（いちどう） •• 일동
- 決意（けつい）を新（あら）たに •• 결의를 새롭게
- 誠心誠意（せいしんせいい） •• 성심성의
- 奉仕（ほうし） •• 봉사
- 格別（かくべつ）の •• 각별한
- 引（ひ）き立（た）て •• 후원

표현 변신하기

회사 설립을 알림 …

さて、このたび、私ども有志により新会社を設立いたし、4月1日をもって開業の運びとなりました。

다름이 아니라 이번에 저희들이 뜻을 모아 새로운 회사를 설립하여 4월 1일로 개업하게 되었습니다.

(지사 개설 경우) さて、かねてよりご要望のありました東京支社を、下記により開設することになりました。

다름이 아니오라 전부터 요망이 있었던 도쿄 지사를 아래와 같이 개설하게 되었습니다.

(지점 이전 경우) さて、このたび当社大邱支店は、来る12月1日、下記に移転することになりましたのでご案内申し上げます。

다름이 아니오라 이번에 당사 대구 지점은 오는 12월 1일 아래와 같이 이전하게 되었으므로 안내 말씀 올립니다.

성원 요청 …

なにとぞ今後とも絶大なるご支援、ご愛顧をたまわりますよう、ひとえにお願い申し上げます。まずは、書中をもって、ご挨拶かたがたお願い申し上げます。

부디 앞으로도 절대적인 지원과 배려를 해 수시기를 간곡히 부탁 말씀 올립니다. 우선은 서면으로 인사와 더불어 부탁 말씀 드립니다.

新会社の設立にあたり、社員一同、決意をあらたに懸命の努力をいたす所存でございます。なにとぞ今後ともご指導ご鞭撻をたまわりますようお願い申し上げます。

새 회사의 설립에 임해 사원 일동 결의를 새롭게 열심히 노력할 각오입니다. 부디 앞으로도 지도 편달하여 주시기를 부탁 말씀 올립니다.

(지점 개설 경우) 今後は、いっそうの販売強化と発展が期待できるものと確信しております。関係者一同、これを機に皆様のご期待にお応えできるよう努める決意でございます。何とぞ、従来に増してのご用命、ご利用のほどお願い申し上げます。

앞으로 더 한층 판매 강화와 발전을 기대할 수 있을 것으로 확신하고 있습니다. 관계자 일동 이것을 계기로 여러분들에게 보답할 수 있도록 노력할 결심입니다. 부디 종래보다 더욱 주문과 이용이 있으시기를 부탁 말씀 올립니다.

(퇴직과 독립의 경우) 慶北産業在職中はひとかたならぬご懇情をたまわり、まことにありがたく厚くお礼申し上げますとともに、今後とも一層のご支援とご指導を賜りますようお願い申し上げます。

경북산업 재직 중에는 적지 않은 배려를 해 주셔서 진심으로 깊이 감사드림과 더불어 앞으로도 한층 더 지원과 배려해 주시기를 부탁 말씀 올립니다.

다지기 연습

1 제시된 표현을 사용해서 다음과 같이 문장을 만들어 보시오.

1) **かねてより～のもと／～をいたしておりました**

> 皆様のご支援／設立準備
> → かねてより皆様のご支援のもと、設立準備をいたしておりました。

① 貴社のご協力／開発 → _____
② 政府の資金援助／研究 → _____
③ 商店街のご協力／建設 → _____
④ 両社の協力／合弁協議 → _____

2) **～として／～ことになる**

> ソフト販売会社／発足いたす
> → ソフト販売会社として発足いたすことになりました。

① オンラインショッピング会社／再出発する → _____
② 支店長／赴任する → _____
③ 子会社／設立いたす → _____
④ コーヒーショップ／開店いたす → _____

3) **ひとえに～のおかげ**

> 皆様方のご支援
> → ひとえに皆様方のご支援のおかげです。

① お客様のご声援 → _____
② 株主の皆様のご支持 → _____
③ 政府のご協力 → _____
④ 貴社のご援助 → _____

다지기 연습

2 제시된 표현을 넣어 다음 문장을 일본어로 옮기시오.

① 설립 준비를 하고 있었습니다.
（いたしておる）

→ _____

② 판매 회사로 발족하게 되었습니다.
（ことになる）

→ _____

③ 오직 여러분들의 지원 덕분입니다.
（ひとえに、おかげです）

→ _____

④ 탄생 직후의 회사입니다.
（早々）

→ _____

3 제시된 어구를 사용해서 당신의 회사 설립 인사장을 작성해 보시오.

> このたび／10月1日をもちまして／コンピューターゲームソフト開発会社／
> 設立／ひとえに／皆様のご支援／全力を尽くす／所存／今後とも／ご支援／ご協力

→ _____
_____
_____
_____

12. 신제품 안내

● 거래처에 신제품의 판매 개시를 알림과 동시에 그 제품의 특징을 설명하고 구입을 권유하는 문서이다. 너무 과장된 광고를 하지 않도록 주의하고, 상대가 납득할 수 있도록 설명을 해야 한다.

2018年11月1日

デジタルストア株式会社
営業部長　大谷実様

株式会社五月電子
営業部長　李淑姫　㊞

新製品のご案内

拝啓　晩秋の候、貴社ますますご盛栄のこととお慶び申し上げます。平素は格別のお引き立てをたまわり、厚くお礼申し上げます。

　さて、早速でございますが、弊社の新製品「デジタルビデオカメラDC400」をご紹介させていただきます。この製品は弊社のデジタル映像技術を集大成した❶新製品で、この10月1日に発売を開始いたしました。従来のものに比べまして、ズームアップスピードの向上により世界最速を記録、長時間撮影にも疲れない❷軽量化を達成、同クラス最大の3.5型高画質液晶モニター搭載、人間工学に基づいた❸スイッチ配置、パソコン接続に便利なケーブルとソフトを標準装備など、従来製品にくらべ格段の❹性能向上を果たし❺、発売以来ご好評をいただいております。

　つきましては、ここにカタログを同封いたしますので、ご高覧の上、ぜひご用命をたまわりますよう❻お願い申し上げます。

　まずは新製品のご案内とお勧めまで。

敬具

記

同封書類　カタログ　1通

以上

어구 설명 콕!

1. 集大成する ••• 집대성하다

예) 10年にわたる開発・研究の成果を集大成した自信作でございます。
10년에 걸친 개발·연구의 성과를 집대성한 자신 있는 작품입니다.

当社の研究陣による長年の研究を集大成し、自信をもってお送りする製品です。
당사 연구진에 의한 장기간의 연구를 집대성하여, 자신을 가지고 보내드리는 제품입니다.

2. ～にも疲れない ••• ~를 해도 피곤해지지 않다

예) 長時間ドライブにも疲れないシートを採用しました。
오랜 시간 드라이브를 해도 피곤해지지 않는 시트를 채용했습니다.

長時間のパソコン作業にも目の疲れない新型フィルターをご紹介いたします。
장시간의 컴퓨터 작업에도 눈이 피로해지지 않는 신형 필터를 소개하겠습니다.

3. ～に基づく ••• ~에 기초·근거를 두다, ~에 이유가 있다

어떤 사람이나 조직의 영향력이 미치는 범위를 의미한다.

예) 駐在員の報告に基づいて検討いたしました結果、工場の進出は見合わせることになりました。
주재원의 보고에 근거하여 검토한 결과, 공장진출은 보류하기로 하였습니다.

今後も契約に基づいて、協力を続けてまいります。 앞으로도 계약에 의거하여 협력을 계속해 가겠습니다.

4. 格段の ••• 현격한

예) 平素は格段のご高配をたまわり、厚くお礼申し上げます。
평소에는 각별한 배려를 베풀어 주셔서 정말로 감사드립니다.

ここ数年で、インターネットの技術は格段の進歩をしました。
최근 수년간 인터넷 기술은 현격하게 진보하였습니다.

5. ～を果たす ••• ~을 이루다, 최후까지 ~ 하다

예) 弊社は昨年、念願のヨーロッパ進出を果たしました。 폐사는 작년에 염원이었던 유럽 진출을 이루었습니다.

企業として環境保全の責任を果たさなければなりません。
기업으로서 환경 보전의 책임을 다하지 않으면 안 됩니다.

6. ご用命をたまわる ••• 주문을 받다

「用命を受ける」의 겸양 표현이다.「用命」는 주문·분부받은 일을 말한다.

예) ご用命をたまわった商品は、昨日航空便でお送りしました。 주문 받은 상품은 어제 항공편으로 보냈습니다.

ご用命をたまわった貴社釜山工場の生産管理ソフトウェアが完成いたしました。
주문 받은 귀사 부산 공장의 생산 관리 소프트웨어가 완성되었습니다.

등장! 새로운 단어

- 新製品(しんせいひん) •• 신제품
- 案内(あんない) •• 안내
- 早速(さっそく)でございますが •• 바로 용건을 말씀 드리자면
- デジタル •• 디지털
- ビデオカメラ •• 비디오카메라
- 紹介(しょうかい) •• 소개
- 映像技術(えいぞうぎじゅつ) •• 영상 기술
- 集大成(しゅうたいせい) •• 집대성
- 発売(はつばい) •• 발매
- 開始(かいし) •• 개시
- 従来(じゅうらい)の •• 종래의
- ～に比(くら)べまして •• ～에 비해서
- ズームアップ •• 줌업
- スピード •• 스피드
- 向上(こうじょう) •• 향상
- 世界最速(せかいさいそく) •• 세계 최고 속도
- 記録(きろく) •• 기록
- 長時間撮影(ちょうじかんさつえい) •• 장시간 촬영
- 疲(つか)れない •• 피곤해지지 않는
- 軽量化(けいりょうか) •• 경량화
- 達成(たっせい) •• 달성
- 同(どう)クラス •• 동급
- 最大(さいだい) •• 최대
- 高画質(こうがしつ) •• 고화질
- 液晶(えきしょう)モニター •• 액정 모니터
- 搭載(とうさい) •• 탑재

- 人間工学(にんげんこうがく) •• 인체공학
- ～に基(もと)づいた •• ～에 따른, ～에 의거한
- スイッチ •• 스위치
- 配置(はいち) •• 배치
- パソコン •• 퍼스널 컴퓨터, PC
- 接続(せつぞく) •• 접속
- 便利(べんり)な •• 편리한
- ケーブル •• 케이블
- ソフト •• 소프트웨어
- 標準装備(ひょうじゅんそうび) •• 기본적인 장비
- 格段(かくだん)の •• 현격한
- 性能(せいのう) •• 성능
- 果(は)たし •• 이루어
- 以来(いらい) •• 이래
- 好評(こうひょう) •• 호평
- いただいております •• 받고 있습니다
- カタログ •• 카탈로그
- 用命(ようめい) •• 주문
- 勧(すす)め •• 권유

표현 변신하기

신제품에 대한 소개

さて、このたび、弊社では、新製品「ムサシⅡ」を発売いたしました。機能・品質とも、従来モデルより大きく向上し、デザインも一新した「ムサシⅡ」は、必ずやユーザーの皆様にご好評を得られるものと確信しております。

この製品は、世界一との評判をもつ米国GA社の技術を導入し、日本の住宅事情にあわせて改良を加えたもので、従来のものに比べ10パーセントの軽量化と、25パーセントの消費電力削減を達成いたしました。デザインも洗練されており、必ずやお客様のご満足をいただけるものと確信いたします。

다름이 아니오라 폐사에서 신제품「무사시Ⅱ」를 발매했습니다. 기능과 품질 모두 종래 모델보다 크게 향상되었고 디자인도 일신된「무사시Ⅱ」는 반드시 소비자 여러분들께 호평을 받을 수 있을 것으로 확신하고 있습니다.

이 제품은 세계 제일이라는 평판을 지니는 미국 GA사의 기술을 도입하여 일본의 주택 사정에 맞추어 개량한 것으로 종래에 비해 10% 경량화, 25%의 소비 전력 삭감을 달성하였습니다. 디자인도 세련되어 반드시 고객의 만족을 얻을 수 있으리라 확신합니다.

상품 구입 권유

カタログを同封いたしましたので、ご検討のほどよろしくお願い申し上げます。

来年3月31日まで、発売記念特別価格として定価の15パーセント引きとなっております。この機会にぜひお求め下さいますようご案内申し上げます。

なお、発売は9月の予定で、見本は各営業所に展示してございます。ご希望であればただちに営業担当者が詳しいご説明にうかがいますので、ご遠慮なくお電話でお申し付けください。

ここにカタログを同封いたしました。ご高覧のうえ、よろしくご検討たまわりたく存じます。必要でございましたら係の者がご説明に伺いますので、いつでもご用命のほどお願い申し上げます。

카탈로그를 동봉하였으니 검토해 주시기를 부탁드립니다.

내년 3월 31일까지 발매 기념 특별가격으로 정가의 15% 할인입니다. 이 기회에 부디 구입해 주시기를 안내 말씀 드립니다.

또한 발매는 9월 예정으로, 견본은 각 영업소에서 전시하고 있습니다. 희망하시면 바로 영업 담당자가 자세한 설명을 위해 찾아뵙겠으니 사양하지 마시고 전화로 말씀하여 주십시오.

여기에 카탈로그를 동봉했습니다. 보신 다음 잘 검토하여 주시길 바랍니다. 필요하시다면 담당자가 설명을 위해 찾아뵙겠으니 언제든지 말씀하여 주시기를 부탁드립니다.

다지기 연습

1 제시된 표현을 사용해서 다음과 같이 문장을 만들어 보시오.

1) 〜を集大成する／〜を開始する

> デジタル映像技術／発売
> → デジタル映像技術を集大成した製品で、この10月1日に発売を開始いたしました。

① ゲーム製作技術／予約　　→
② バイオ技術／製造　　　　→
③ 職人のわざ／製作　　　　→
④ ノウハウ／注文受付　　　→

2) 〜を果たし／〜をいただく

> 性能向上／ご好評
> → 性能向上を果たし、ご好評をいただいています。

① 価格引き下げ／お客様のご支持　→
② 軽量化／高い評価　　　　　　　→
③ 排出物低減／低公害車の認定　　→
④ リストラ／株式市場の評価　　　→

3) 〜の上／〜をたまわる

> 高覧／用命
> → ご高覧の上、ぜひご用命をたまわりますようお願い申し上げます。

① 検討／注文　　　→
② 相談／承諾　　　→
③ 打ち合わせ／連絡　→
④ 調べ／回答　　　→

다지기 연습

2 제시된 표현을 넣어 다음 문장을 일본어로 옮기시오.

① 당사의 기술을 집대성한 제품입니다.
  (集大成した)

  → _____

② 장시간 운전에도 피곤하지 않습니다.
  (~にも)

  → _____

③ 인간공학에 의거한 디자인입니다.
  (基づいた)

  → _____

④ 현격한 성능향상을 이루어냈습니다.
  (果たす)

  → _____

3 제시된 어구를 사용해서 당신의 회사가 일본의 회사에 신제품을 안내하는 문서를 작성해 보시오.

> このたび／新型／高性能コンパクトカメラ／同製品／従来品にくらべて／
> 生活防水機能追加／ボディ素材の高品質化／価格は据え置く／
> お客様にご満足いただける／ここに／カタログを同封いたしました／ご高覧／ご検討

→ _____
　_____
　_____
　_____

Part III

상황따라 멋지게 구사하는
비즈니스 문서의 응용편

01 계절 인사말
02 안부 인사말
03 감사의 인사말
04 상황별 마무리 인사말
05 축하장 쓰기
06 조위문 쓰기
07 초대장 쓰기
08 안내장 쓰기
09 백중(お中元)·연말(お歳暮) 인사장 쓰기
10 복중 문안 인사(暑中お見舞い) 쓰기
11 연하장 쓰기
12 팩스(FAX) 보내기
13 E-MAIL 보내기
14 우편봉투 쓰기

01 계절 인사말

1월
- 初春の候 _ 초봄을 맞아
- 新春の候 _ 신춘에 즈음하여
- 厳寒の候 _ 엄동 날씨에

2월
- 立春の候 _ 입춘에 즈음하여
- 余寒の候 _ 늦추위가 기승을 부리는 요즈음
- 春寒の候 _ 초봄 추위에

3월
- 早春の候 _ 이른 봄에
- 春暖の候 _ 따스한 봄에
- 春分の候 _ 춘분에 즈음하여

4월
- 陽春の候 _ 햇빛 화사한 봄날에
- 温暖の候 _ 따뜻한 요즈음
- 桜花の候 _ 벚꽃의 계절에

5월
- 新緑の候 _ 신록의 계절에
- 若葉の候 _ 새 잎이 푸르른 요즈음 계절에
- 薫風の候 _ 훈풍의 계절에

6월
- 初夏の候 _ 초여름을 맞아
- 梅雨の候 _ 장마가 시작되는 요즈음
- 長雨の候 _ 장마철에

7월
- 猛暑の候 _ 본격적인 더위에
- 盛夏の候 _ 한여름에
- 大暑の候 _ 혹서 속에서

8월
- 晩夏の候 _ 늦여름에
- 残暑の候 _ 늦더위에
- 初秋の候 _ 초가을에

9월
- 秋冷の候 _ 선선한 가을 날씨에
- 秋色の候 _ 가을 기운이 완연한 요즈음
- 秋涼の候 _ 서늘한 가을에

10월
- 仲秋の候 _ 중추 즈음하여
- 紅葉の候 _ 단풍 계절에
- 秋晴の候 _ 청명한 가을에

11월
- 晩秋の候 _ 늦가을에
- 落葉の候 _ 낙엽의 계절에
- 向寒の候 _ 추위가 시작되는 계절에

12월
- 寒冷の候 _ 추위의 계절에
- 初冬の候 _ 겨울이 시작되는 요즈음
- 師走の候 _ 연말에

계절 인사의 응용 표현들

1月

厳寒の候、貴店ますますご繁栄のこととお喜び申し上げます。
_ 엄동 날씨에 귀영업점의 더 큰 번영을 축원합니다.

極寒の候ではございますが、貴社ますますご繁栄の事とお喜び申し上げます。
_ 혹한의 계절입니다만, 귀사의 더 큰 번영을 축원합니다.

寒さ厳しき折から、貴社ますますご清栄のこととお喜び申し上げます。
_ 추위가 심한 계절에 귀사의 발전을 축원합니다.

2月

余寒の候、貴行ますますご隆昌のこととお慶び申し上げます。
_ 늦추위의 계절을 맞아 귀은행의 더 큰 발전을 축원합니다.

残寒なおきびしきおり、貴社ますますご清栄のこととお喜び申し上げます。
_ 늦추위가 심한 계절에 귀사의 더 큰 발전을 기원합니다.

余寒なお厳しき折から、貴行ますますご発展のこととお慶び申し上げます。
_ 늦추위가 심한 계절에 귀은행의 더 큰 발전을 기원합니다.

3月

早春の候、貴社ますますご清栄のこととお喜び申し上げます。
_ 초봄의 계절에 귀사의 더 큰 발전을 축원합니다.

春暖の候、貴店ますますご発展のこととお慶び申し上げます。
_ 봄을 맞아 귀영업점의 더 큰 발전을 기원합니다.

春まだ浅いこの頃、貴会ますますご隆昌のほどお喜び申し上げます。
_ 봄이 시작되는 계절을 맞아 귀모임의 더 큰 발전을 기원합니다.

4月

春たけなわのころ、ますますのご発展お喜び申し上げます。
_ 봄이 한창인 계절을 맞아 더욱 발전이 있으시기를 축원합니다.

陽春の候、ますますご清栄のこととお喜び申し上げます。
_ 햇빛 화사한 봄날에 더욱 발전이 있으시기를 기원합니다.

春爛漫の候、貴社ますますご繁栄の事とお喜び申し上げます。
_ 봄이 무르익는 계절에 귀사의 더 큰 발전을 기원합니다.

5月

春風若葉にかおる候、貴社ますますご清栄のこととお喜び申し上げます。
_ 봄바람에 새 잎의 향기가 그윽한 계절에 귀사의 더 큰 발전을 기원합니다.

新緑の候、貴社ますますご清栄のこととお喜び申し上げます。
_ 신록의 계절에 귀사의 더 큰 발전을 축원합니다.

薫風かおる好季節となり、貴社いよいよご多忙のほどお喜び申し上げます。
_ 훈풍이 향기로운 좋은 계절에 귀사의 더욱 다망하심을 축원합니다.

6月

初夏の候、貴会ますますご発展のほどお喜び申し上げます。
_ 초여름을 맞아 귀모임의 더 큰 발전을 축원합니다.

青葉若葉のみぎり、貴社ますますご清栄のこととお喜び申し上げます。
_ 녹음의 계절 귀사의 더 큰 발전을 기원합니다.

向夏のみぎり、貴行ますますご隆昌のこととお慶び申し上げます。
_ 여름으로 향하고 있는 요즈음 귀은행의 더 큰 발전을 기원합니다.

7月

炎熱の候、ますますご発展のほどお喜び申し上げます。
_ 더운 계절 더욱 발전이 있으시기를 기원합니다.

盛夏の候、ますますご繁栄の事とお喜び申し上げます。
_ 한여름에도 더욱 번영하시기를 축원합니다.

厳しい暑さが続いておりますが、貴社ますますご清栄のこととお喜び申し上げます。
_ 심한 더위가 계속되고 있습니다만 귀사의 더 큰 발전을 기원합니다.

8月

残暑厳しいおりから、貴店ますますご清栄のこととお喜び申し上げます。
_ 늦더위가 심한 계절 귀영업점의 더 큰 발전을 기원합니다.

立秋とは名ばかり、暑さがつづく毎日ですが、皆様ますますご清栄のこととお喜び申し上げます。
_ 입추라고는 하나 더위가 계속되는 요즈음 여러분들의 더 큰 발전을 기원합니다.

晩夏の候、貴社ますますご発展のこととお喜び申し上げます。
_ 늦여름의 계절 귀사의 더 큰 발전을 축원합니다.

9月

秋冷の候、皆様ますますご清栄のこととお喜び申し上げます。
_ 선선한 가을을 맞아 여러분들의 더 큰 발전을 기원합니다.

さわやかな季節となりましたが、貴社いよいよご多忙のほどお喜び申し上げます。
_ 선선한 계절을 맞아 귀사가 더욱 다망하심을 축원합니다.

さわやかな季節を迎え、貴会ますますご清祥のほどお喜び申し上げます。
_ 선선한 계절을 맞아 귀모임의 더 큰 발전을 기원합니다.

10月

澄み渡る秋、ますますご繁盛の事とお喜び申し上げます。
_ 하늘이 더욱 높아지는 가을에 더 발전을 기원합니다.

秋の気配いよいよこく、貴社ますますご清栄のこととお喜び申し上げます。
_ 가을이 더욱 깊어가는 계절 귀사의 더 큰 발전을 기원합니다.

秋晴れの候、貴店ますますご清栄のこととお喜び申し上げます。
_ 가을 하늘이 청명한 계절에 귀점의 더 큰 발전을 기원합니다.

11月

初冬の候、ますますご清栄の事とお喜び申し上げます。
_ 초겨울의 계절 더욱 발전이 있으시기를 기원합니다.

木枯しが吹きすさぶ頃、皆様にはますますご隆昌の事と存じます。
_ 초겨울 찬바람이 부는 계절에 여러분들의 더 큰 발전을 기원합니다.

朝ごとに冷気が加わるこの頃、貴社ますますご清栄のこととお喜び申し上げます。
_ 아침마다 추위가 더해 가는 계절 귀사의 더 큰 발전을 기원합니다.

12月

歳末ご多忙のおり、ますますご繁栄の事とお喜び申し上げます。
_ 연말의 바쁜 시기에 더욱 번영이 있으시기를 축원합니다.

なんとなく気忙しい師走となりました。貴社ますますご発展のこととお喜び申し上げます。
_ 여러모로 다망한 연말입니다. 귀사의 더 큰 발전을 축원합니다.

師走の候、貴社ますますご清栄のこととお喜び申し上げます。
_ 연말을 맞아 귀사의 더 큰 발전을 기원합니다.

02 안부 인사말

▶ **단체에 보낼 경우**

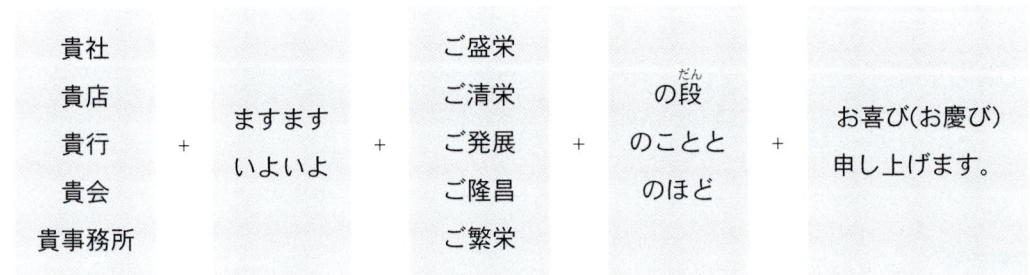

貴社ますますご発展のこととお喜び申し上げます。
_ 귀사에 더욱 발전있으시기를 축원합니다.

貴店ますますご発展の段お慶び申し上げます。
_ 귀점에 더욱 발전 있으시기를 축원합니다.

貴行ますますご隆昌のこととお慶び申し上げます。
_ 귀은행이 더욱 번창하시기를 축원합니다.

貴会ますますご清栄の段お喜び申し上げます。
_ 귀모임이 더욱 번창하시기를 축원합니다.

▶ **개인에게 보낼 경우**

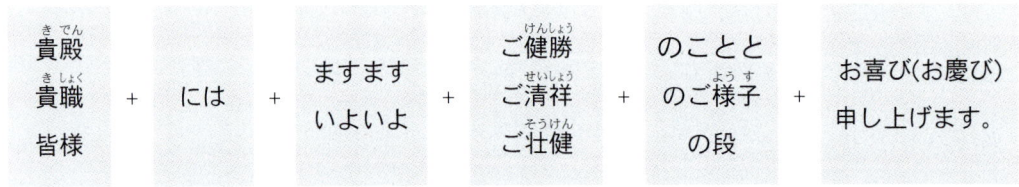

貴殿にはますますご健勝のこととお慶び申し上げます。
_ 귀하의 더 큰 건승을 기원합니다.

皆様にはいよいよご清祥の段お喜び申し上げます。
_ 여러분들의 더 큰 발전을 기원합니다.

先生におかれましてはますますご清祥のこととお喜び申し上げます。
_ 선생님의 더 큰 건승을 기원합니다.

03 감사의 인사말

| 平素は / 日頃は / いつも / 毎度 / このたびは | + | 格別の / 何かと / 一方ならぬ | + | お引き立て / ご厚情 / ご高配 / ご支援 |

| + | をいただき / にあずかり / を賜り / 下さり | + | まことにありがとうございます。 / 厚くお礼申し上げます。 / 深く感謝いたしております。 / 恐縮に存じます。 |

いつも何かとご指導をたまわりありがとうございます。
_ 늘 여러모로 지도를 해 주셔서 감사합니다.

日頃はひとかたならぬお引き立てを賜り、厚くお礼申し上げます。
_ 늘 각별한 배려를 해 주셔서 깊이 감사 말씀 올립니다.

日ごろは格別のお引き立てを賜っております。
_ 늘 각별한 배려를 받고 있습니다.

平素は格別のご愛顧を賜り、厚くお礼申し上げます。
_ 평소에 각별한 배려를 해 주셔서 깊이 감사 말씀 올립니다.

平素は特別のお引き立てを賜り、厚くお礼申し上げます。
_ 평소에 특별한 배려를 해 주셔서 깊이 감사 말씀 올립니다.

平素は格別のお引き立てにあずかり、厚くお礼申し上げます。
_ 평소에 각별한 배려를 해 주셔서 깊이 감사드립니다.

平素は格別のお引き立てにあずかり、まことにありがとうございます。
_ 평소에 각별한 배려를 해 주셔서 참으로 감사합니다.

平素は格別のご高配を賜り厚くお礼申し上げます。
_ 평소에 각별한 배려를 해 주셔서 감사드립니다.

04 상황별 마무리 인사말

▶ 挨拶 (인사)

まずは略儀ながら書中をもってごあいさつ申し上げます。
_ 우선은 간단하나마 서면으로 인사 말씀 올립니다.

まずは略儀ながら書面にてご挨拶申し上げます。
_ 우선은 간단하나마 서면으로 인사드립니다.

とりあえず書中をもってごあいさつ申し上げます。
_ 우선 서면으로 인사드립니다.

まずはごあいさつまで。
_ 우선은 인사 말씀을 위해.

▶ 祝い (축하)

まずは取り急ぎ書中をもってご祝辞を申し上げます。
_ 우선은 서둘러 서면으로 축하 말씀 올립니다.

まずは書中をもってお祝い申し上げます。
_ 우선은 서면으로 축하 말씀 올립니다.

▶ 案内・招待 (안내・초대)

以上、ご案内申し上げます。
_ 이상 안내 말씀 올립니다.

まずはご案内かたがたお願い申し上げます。
_ 우선은 안내를 겸해 말씀드립니다.

まずはお礼かたがたご案内まで。
_ 우선은 인사와 더불어 안내 말씀드립니다.

なにとぞお繰り合わせの上、ご来臨下さいますようご案内申し上げます。
_ 부디 시간을 내어 왕림하여 주시기를 안내 말씀 올립니다.

▶ 紹介 (소개)

まずはご紹介まで申し上げます。
_ 우선은 소개 말씀 올립니다.

まずはご紹介かたがたお願いまで申し上げます。
_ 우선은 소개를 겸해 부탁 말씀 올립니다.

▶ お礼 (감사)

まずは略儀ながら書中をもってお礼申し上げます。
_ 우선은 간단하나마 서면으로 감사 말씀 올립니다.

取り急ぎお礼申し上げます。
_ 서둘러 감사 말씀 올립니다.

まずはご報告をかねてお礼申し上げます。
_ 우선은 보고를 겸해 감사 말씀 올립니다.

▶ 弔意 (조의)

取り急ぎ書中をもってお悔やみ申し上げます。
_ 서둘러 서면으로 조의를 표합니다.

略儀ながら書中をもって心からお悔やみ申し上げます。
_ 간단하나마 서면으로 마음으로부터 조의를 표합니다.

▶ 注文 (주문)

まずは注文まで。
_ 우선은 주문을 위해.

まずは取り急ぎご注文まで。
_ 우선 서둘러 주문을 위해.

▶ 請求 (청구)

まずは品代金のご請求まで。
_ 우선 물품 대금 청구를 위해.

まずは、ご請求申し上げます。
_ 우선 청구 말씀 드립니다.

▶ 通知 (통지)

まずはご通知申し上げます。
_ 우선 통지 말씀 올립니다.

取り急ぎご一報申し上げます。
_ 서둘러 알려 드립니다.

とりあえずお知らせ申し上げます。
_ 우선 통지하여 드립니다.

まずは、書中をもって品切れのお知らせまで。
_ 우선 서면으로 품절 안내를 위해.

▶ 依頼・願い (의뢰・부탁)

ごあいさつかたがたご依頼申し上げます。
_ 인사 겸 의뢰 말씀 드립니다.

とりあえず書面をもってお願い申し上げます。
_ 우선 서면으로 부탁 말씀 드립니다.

まずは、書中をもって価格変更のお願いまで。
_ 우선 서면으로 가격 변경 요청을 위해.

まずは取り急ぎお願いまで。
_ 우선 서둘러 부탁 말씀을 위해.

まずは書中をもってお願いまで。
_ 우선 서면으로 부탁 말씀을 위해.

なにとぞ事情ご理解いただき、ご高配たまわりますようご依頼申し上げます。
_ 부디 사정을 이해하셔서 배려해 주시기를 부탁 말씀 드립니다.

▶ 照会 (조회)

まずはご照会申し上げます。
_ 우선 조회 말씀 올립니다.

取り急ぎ書面をもってご照会申し上げます。
_ 서둘러 서면으로 조회의 말씀 올립니다.

▶ 回答・返事 (회답・회신)

まずはご返事まで。
_ 우선 회신을 위해.

取り急ぎご回答申し上げます。
_ 서둘러 회답 말씀 드립니다.

まずは取り急ぎ承諾のお知らせまで。
_ 우선은 서둘러 승낙 통지를 위해.

以上、ご返事まで申し上げます。
_ 이상 답신 올립니다.

▶ 謝罪 (사죄)

取り急ぎ、お詫びとご連絡を申し上げます。
_ 서둘러 사과와 연락 말씀 올립니다.

重ねて深くお詫び申し上げます。
_ 거듭 깊이 사과드립니다.

まずはお詫びかたがたお願いまで。
_ 우선은 사죄 겸 부탁 말씀을 위해.

05 축하장 쓰기

❶ 연월일, 발신처와
발신자 명기하기

2018年10月10日

東京商事株式会社
　　営業部長　奥田民雄様

京畿食品株式会社
　　営業部次長　金勳

❷ 계절 인사하기

拝啓　秋冷の候、ますますご健勝のこととお慶び申し上げます。

❸ 승진 축하하기

　さて、このたびは営業部長にご昇進とのこと、まことにおめでとうございます。心からお祝い申し上げます。

❹ 승진 이유와 활약
기대하기

　これもひとえに、貴台のご手腕とご実績に多大なる期待が寄せられてのことと拝察いたします。何とぞ、さらにいっそうご自愛くださいまして、ご活躍のほどをお祈り申し上げます。

❺ 한 번 더 축하하기

　まずは、書中をもってご祝辞を申し上げます。

❻ 맺음말(末語)

敬具

> **해석**
>
> 차가운 가을을 맞아 더욱 건승하시기를 기원합니다.
> 　다름이 아니오라 이번에 영업부장으로 승진하신 것을 정말 축하드립니다. 진심으로 축하 말씀 올립니다.
> 　이것도 오로지 귀하의 능력과 실적에 큰 기대가 나타난 것으로 생각합니다. 부디 더욱 자애하시면서 활약하시기를 기원합니다.
> 　우선 서면으로 축하 말씀 드립니다.

축하에 관한 여러 가지 표현들

▶ 승진을 축하할 때

承りますれば、このたび人事部長の要職にご栄転あそばされました由、心よりお祝い申しあげます。
_ 듣기로는 이번에 인사부장이라는 요직으로 영전하셨다니 진심으로 축하드립니다.

さて、このたびは開発室長のご要職にご就任とのこと、謹んでお祝いを申し上げます。
_ 다름이 아니오라, 이번에 개발실장이라는 요직에 취임하신 것을 삼가 축하드립니다.

(회사 창립 축하장의 경우)
さて、このたびは新会社を設立されました由、心からお祝い申し上げます。
_ 다름이 아니오라, 이번에 새로이 회사를 설립하신 것을 진심으로 축하드립니다.

▶ 앞으로의 활약을 기대할 때

これもひとえに、鈴木様のご誠実なご人格とお仕事への精励によるものと深く敬服する次第でございます。この上はなお一層、ご健康にもご留意下さいまして、ご存分なご活躍をなさいますよう心よりお祈り申し上げます。
_ 이것도 오직 스즈키 님의 성실한 인격과 일에 대한 정성에 의한 것이라고 깊이 감복하고 있습니다. 앞으로 한층 더 건강에도 유의하시어 마음껏 활약하시기를 마음으로부터 기원합니다.

貴殿の円満なご人格と卓越したご見識により、貴社の今後のご発展に十二分のご手腕を発揮されることとご期待申しあげております。業界繁忙の折から、ご自愛のほどお祈り申しあげます。
_ 귀하의 원만한 인격과 탁월한 견식으로 귀사의 앞으로의 발전에 충분한 능력을 발휘하실 것으로 기대합니다. 업계가 다망한 요즈음 건강에 유의하시기를 기원합니다.

貴殿の卓越したご見識とご円満なるお人柄で、貴社および業界の発展に存分なお働きをなさることと確信し、ご期待申し上げております。今後ますます多事多忙になられることと存じますが、くれぐれもご自愛のほど念じてやみません。
_ 귀하의 탁월한 견식과 원만한 인격으로 귀사 및 업계의 발전에 큰 활약을 하실 것으로 확신하며 기대 말씀 올립니다. 앞으로도 더욱 다망해지실 것으로 생각됩니다만 부디 건투 있으시기를 바라 마지 않습니다.

(회사 창립 축하장의 경우)
貴社のご開業は、まことに時宜を得たものであり、必ずや業界に新風を吹き込むものと存じます。今後のご健闘を心からお祈りいたします。
_ 귀사의 개업은 참으로 시기적절하여 반드시 업계에 새 바람을 불어 넣을 것으로 생각합니다. 앞으로의 건투를 기원합니다.

▶ 말을 끝맺을 때

とりりあえず略儀ながら、書面をもってお祝い申しあげます。
_ 우선 간단하나마 서면으로 축하드립니다.

まずは略儀ながら書面にてお祝いのご挨拶を申し上げます。
_ 우선 간단하나마 서면으로 축하 인사를 드립니다.

まずは、とりあえず書中にてお祝い申し上げます。
_ 우선 급히 서면으로 축하드립니다.

本来ならば、参上いたしまして祝詞を述べるところではございますが、とりあえず書中をもってお祝い申しあげます。
_ 원래 찾아뵙고 축하드려야 하지만 우선 서면으로 축하 말씀 올립니다.

06 조위(弔慰)문 쓰기

일본의 장의(葬儀)

일본은 보통 불교식 장례를 행한다. 장례는 예전에는 자택에서 했었지만 최근에는 전용 장례식장이나 절에서 하는 경우가 많다.

일반적으로 사망한 당일이나 다음날 저녁에 通夜라고 해서 고인의 친인척이나 아주 가까운 친지들이 모여 고인을 보내는 의식을 행한다. 그리고 다음날 일반인들까지 참례하는 장례식(告別式)이 이루어진다. 특히 개인적으로 특별한 관계가 아니었으면 告別式에만 참례하는 것이 보통이다. 通夜 혹은 告別式에 참례할 경우 우리와 마찬가지로 조위금 (弔慰金 혹은 香典이라고도 한다)을 지참한다. 봉투 앞면에는 「御霊前」이라 쓰고 이름을 적고, 뒷면에는 주소와 금액을 기입하는 것이 일반적이다. 조위금을 넣는 봉투는 대부분 편의점이나 문방구 등에서 파는 것을 사용한다. 조문 편지는 장례식에 참례할 수 없을 경우에 보내게 되는데 조위금을 동봉해서 보내기도 한다.

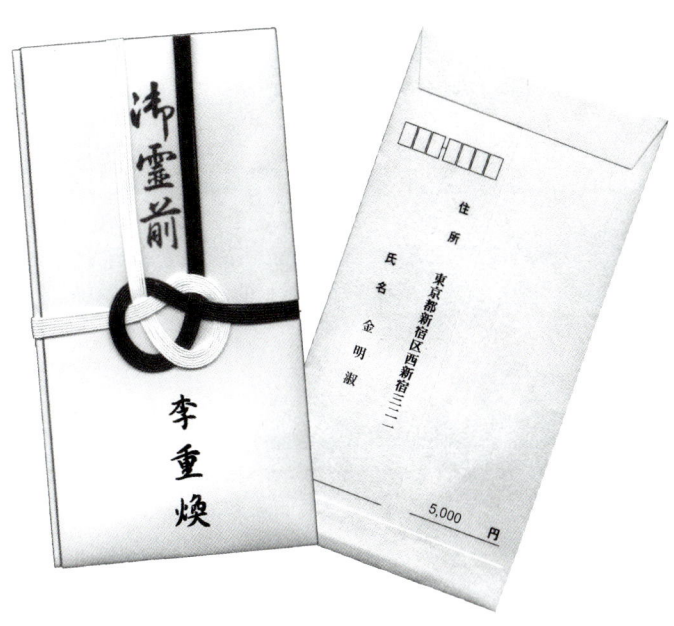

香典 봉투의 겉면 「御霊前」의
아래 공백에 위에서 아래로 이름을 쓴다.

❶ 연월일, 발신처와 발신자 명기하기

2018年10月10日

大阪食品工業株式会社 御中

海東産業株式会社
代表取締役理事　姜昌吉

❷ 서거에 대한 놀라움 표시하기

　承りますれば、貴社取締役社長安田一郎様には、ご養生のかいもなくご逝去されました由、社員一同驚き入っております。

❸ 생전의 후의에 대한 감사와 애도 표하기

　ご生前中には、殊の外ご支援を賜り今更ながら感謝の念を禁じえません。ここに、謹んで哀悼の意を表しますとともに、ご冥福をお祈りいたします。

❹ 사원과 유족 위로 하기

　このうえは、お悲しみを乗り越えて、貴社のご発展の為に結実されますよう心からお祈り申し上げます。

❺ 장례에 참가하지 못함을 사과하기

　早速にもご弔問に参上いたさねばなりませんところ、遠方のため、誠に失礼ながら書中をもってお悔やみ申し上げます。

해석

　들은 바에 의하면 귀사의 대표이사 야스다 이치로님이 요양의 보람도 없이 서거하셨다는 것에 사원일동 놀라고 있습니다.
　생전에는 특별한 지원을 해주셔서 이제 와서 감사의 마음을 금할길 없습니다. 이에 삼가 애도의 뜻을 표함과 동시에 명복을 빕니다.
　슬픔을 극복하고 귀사의 발전을 위해 결실이 있으시기를 진심으로 빌겠습니다.
　바로 찾아뵙고 조의를 드려야 하지만 멀리있어 정말로 실례이지만 서면을 빌어 애도의 말씀을 올립니다.

Tip

시작문장(前文)은 모두 생략하고 중심 문장으로 시작한다. ❷의 부분에서 애도를 표하는 내용을 넣어도 좋다. ❹는 생략해도 무방하다. ❺의 맺음말도 생략해도 무방하다. 사용할 경우 「敬具」나 「合掌」 중 하나를 선택한다.

조문에 관한 여러가지 표현들

▶ 서거 소식에 대한 애통함을 나타낼 때

貴社、代表取締役社長佐藤学様、突然のご逝去の報に接し、驚きの念にたえません。
_ 귀사 대표이사 사장 사토 마나부님의 갑작스러운 서거소식에 놀라움을 금치 못하고 있습니다.

御社人事部長鈴木二郎様が、ご療養のかいなくご逝去されたとのお知らせに接し、ただ驚き悲しむばかりでございます。
_ 귀사 인사부장 스즈키 지로님이 요양의 보람 없이 서거하셨다는 소식에 그저 놀라고 애통해 하고 있을 뿐입니다.

このたびは田中開発企画室長のご訃報に接し、あまりに突然のことに驚きいっております。社員一同謹んでお悔やみ申し上げます。
_ 이번에 다나카 개발기획실장의 부고는 너무도 갑작스러운 일이라 놀랐습니다. 사원 일동 삼가 애도 말씀 올립니다.

貴社常務取締役岡田弘敏様御他界の由承り、謹んで哀悼の意を表するとともに、ご冥福をお祈り申し上げます。
_ 귀사 상무이사 오카다 히로토시님의 서거에 삼가 애도와 더불어 명복을 빕니다.

▶ 생전의 후의에 대한 감사를 표할 때

ここに謹んで哀悼の意を表すると共に、ご冥福をお祈り申し上げます。ご生前は公私に渡ってご懇意にしていただいたにもかかわらず、何等お報いできず残念でなりません。
_ 이에 삼가 애도의 뜻을 표함과 더불어 명복을 빕니다. 생전에 공사에 걸쳐 배려를 해 주셨음에도 아무것도 보답을 할 수가 없어서 너무나 유감입니다.

田中様には、生前、多大なご支援を賜りましたが、その恩に報いることもできず、はなはだ心残りに存じております。
_ 다나카님 생전에 많은 지원을 받았습니다만 그 은혜에 보답하지도 못하여 참으로 유감입니다.

ご生前中には、ひとかたならぬご懇情をたまわりましたにも関わらず、十分にご恩返しもできず、まことに残念至極に存じます。ご遺族の皆さまならびに社員の皆さまに、心からお悔やみ申し上げます。
_ 생전에는 각별한 배려를 해 주셨음에도 충분히 보답을 하지 못해 참으로 유감스럽게 생각합니다. 유족 및 사원 여러분들께 충심으로 애도 말씀 올립니다.

▶ 위로의 말을 전할 때

このうえは、社員の皆様がお力を合わせられまして、故人のご意志を継承され、社業の発展に尽力されますよう、お祈り申しあげます。
_ 앞으로 사원 여러분들이 힘을 모아 고인의 뜻을 계승하셔서 회사 발전에 진력하시기를 기원합니다.

ご親族はもとより、社員の皆様のご愁傷はいかばかりかと、ご推察申しあげます。
_ 친족은 물론 사원 여러분들의 슬픔이 어떠할지 위로 말씀 드립니다.

社員の皆様のご心痛をお察しいたします。
_ 사원 여러분들의 슬픔은 짐작이 갑니다.

▶ 말을 끝맺을 때

さっそく参上いたし、お悔やみ申し上げるべきところでございますが、なにぶんにも遠方のため意に任せず、不本意ながら書中をもってお悔やみを申し上げます。
_ 바로 찾아뵙고 조의를 표해야 하지만 이렇게 멀리 있어서 뜻과 달리 본의 아니게 서면으로 애도 말씀 올립니다.

いずれ改めてご弔問申し上げる所存でございますが、とりあえず書中をもって哀悼の意をささげます。
_ 앞으로 다시 조문드릴 생각입니다만 우선 서면으로 애도를 표합니다.

(香典 즉 조위금을 동봉했을 경우)
ささやかではございますが、ご香料を同封いたしましたので、ご霊前にお供えいただきますよう、お願い申しあげます。
_ 약소합니다만 조위금을 동봉하였으므로 영전에 올려 주시기를 부탁드립니다.

心ばかりのご香典を同封いたしましたので、ご霊前にお供えくださるようお願い申し上げます。
_ 약소하나마 조위금을 동봉하였으므로 영전에 올려 주시기를 부탁드립니다.

07 초대장 쓰기

❶ 연월일, 수신인과
  발신인 명기하기

❷ 제목
  (생략해도 좋다)

❸ 기념식의 취지
  기술하기

❹ 기념식 개최 기술과
  출석 요망하기

❺ 맺음말

❻ 개최 일시와 장소
  기입 후, 참석 여부
  에 대한 회답 요청
  하기

2018年9月5日

お得意様各位
　　　　　　　　　　　　　　　　　　　株式会社ソウル通商
　　　　　　　　　　　　　　　　　　　代表理事　李昌日

創立25周年記念式典のご案内

拝啓　皆様にはますますご清祥のこととお慶び申し上げます。

　さて、当社は来る10月10日をもって創立25周年を迎えることとなりました。無事にこの日を迎えられましたのも、ひとえに長年にわたる皆様からのご支援ご厚情のおかげと、心よりお礼申し上げます。

　つきましては、心ばかりの感謝の宴を下記により催したく存じます。皆様にはご多用中恐縮でございますが、ご来臨たまわりますよう、ご案内申し上げます。

　　　　　　　　　　　　　　　　　　　　　　　　　　　　敬具

記

日時：10月8日（金曜日）17時〜20時
場所：フェニックスホテル12階ローズルーム

　なお、お手数ながら、9月30日までに同封のはがきでご出欠をお知らせ下さい。ご来場の節は、本状を受付でお示し下さるようお願い申し上げます。

　　　　　　　　　　　　　　　　　　　　　　　　　　　　以上

해석

창립 25주년 기념식전 안내
여러분들의 건승을 기원합니다.
　다름이 아니오라 당사는 10월 10일로 창립 25주년을 맞게 되었습니다. 무사히 이 날을 맞은 것도 오직 오랫동안에 걸친 여러분들의 지원과 배려 덕분으로 진심으로 감사 말씀 올립니다.
　이에 마음을 담은 감사파티를 아래와 같이 열고자 합니다. 바쁘신 중에 죄송합니다만 왕림해 주시도록 안내 말씀 올립니다.
　　일시 : 10월 8일(금요일) 17~20시
　　장소 : 페닉스호텔 12층 로즈룸
　또한 번거로우시겠지만 9월 30일까지 동봉한 엽서로 참가 여부를 알려 주십시오. 오실 때 본 초청장을 접수처에서 보여 주시기를 부탁드립니다.

초대에 관한 여러가지 표현들

▶ 기념일을 알릴 때

さて、当社は2008年に創業いたしまして、おかげをもちまして今年で創業10周年を迎えました。この間、皆様方にご愛顧をいただき、ここまで発展、成長できましたことを、心から喜んでおります。これもひとえにお客様の絶大なるご支援の賜物であると感謝いたしております。今後も皆様方のご期待にお応えすべく、社員一同なお一層の精進努力を重ねる決意をいたしております。今後ともどうか変わらぬご愛顧を賜りますようお願い申し上げます。

_ 다름이 아니오라 당사는 2008년에 창립하여 덕분에 금년으로 창업 10주년을 맞았습니다. 그동안 여러분들의 배려로 이렇게 발전·성장할 수 있었음을 진심으로 기뻐하고 있습니다. 이것도 오로지 고객 여러분들의 절대적인 지원 덕분으로 감사하고 있습니다. 앞으로도 여러분들의 기대에 답하고자 사원 일동 한층 더 정진 노력을 거듭해 갈 결의를 다지고 있습니다. 앞으로도 부디 변함없는 배려를 해 주시기를 부탁드립니다.

さて、おかげさまで小社は来る5月10日に創立5周年を迎えることと相なりました。これもひとえに皆様方のご支援、ご配慮の賜物と深く感謝しております。

_ 그런데 덕분에 저희 회사는 다음달 5월 10일로 창립 5주년을 맞게 되었습니다. 이것도 오직 여러분들의 지원과 배려 덕분으로 깊이 감사드리고 있습니다.

さて、弊社は本年12月12日をもって創立30周年を迎えるに至りました。これもひとえに皆様方の温かいご支援の賜と、重ねてお礼申しあげます。

_ 그런데 폐사는 금년 12월 12일로 창립 30주년을 맞게 되었습니다. 이것도 오직 여러분들의 따뜻한 지원 덕분으로 거듭 감사 말씀 올립니다.

このたび当社は創立10周年を迎えることとなりました。この記念すべき日を迎えることができましたのも、皆様の格別のご支援のたまものと感謝にたえません。

_ 이번에 당사는 창립 10주년을 맞게 되었습니다. 이 기념할만한 날을 맞이하게 된 것도 여러분들의 각별한 지원 덕분으로 감사해 마지않습니다.

▶ 참석을 부탁할 때

つきましては、日頃の感謝の気持ちを込めまして、下記のとおり心ばかりの記念パーティーを催したいと存じます。ご繁忙の折からまことに恐れ入りますが、何とぞご光来の栄を賜りますようお願い申し上げます。

_ 이에 평소의 감사의 마음을 담아 아래와 같이 조촐한 기념파티를 개최하고자 합니다. 다망하신 중에 죄송합니다만 부디 왕림하여 주시기를 부탁드립니다.

つきましては、創立5周年を記念いたしまして、下記の通り心ばかりの粗宴を催させていただきたく存じます。ご多忙中のところはなはだ恐縮に存じますが、万障お繰り合わせのうえ、ご光臨賜りますようお願い申しあげます。

_ 이에 창립 5주년을 기념하여 아래와 같이 마음을 담은 조촐한 파티를 개최하고자 합니다. 다망하신 중에 죄송합니다만 시간을 할애하여 왕림해 주시기를 부탁 말씀 올립니다.

つきましては、長年のご厚情に感謝申しあげる一端として、下記の通りささやかな記念式典を催したく存じます。ご多用のところ、誠に恐縮に存じますが、何とぞご来臨賜りますよう謹んでお願い申しあげます。

_ 이에 오랫동안의 배려에 감사드리는 뜻으로 아래와 같이 조촐한 기념식을 열고자 합니다. 바쁘신 중에 대단히 죄송합니다만 부디 왕림해 주시기를 삼가 부탁드립니다.

つきましては、多年にわたるご懇情に心ばかりのお礼を申し上げたく、ささやかではございますが、下記の通り記念の小宴を催したいと存じます。ご多用の中をまことに恐縮でございますが、ご来臨を賜りますようお願い申し上げます。

_ 이에 여러 해에 걸친 배려에 마음의 예를 표하고자 조촐하기는 합니다만 아래와 같이 작은 기념 연회를 갖고자 합니다. 바쁘신 중에 죄송합니다만 왕림하여 주시기를 부탁드립니다.

08 안내장 쓰기

❶ 연월일, 수신인과 발신인 명기하기	
❷ 계절 인사하기	
❸ 신제품의 특징 기술하기	
❹ 발표회 개최를 알리고 참석 요청하기	
❺ 맺음말	
❻ 개최 일시와 장소 기입하기	

2018年8月1日

お客様各位

ソウル電機株式会社
販売部長　朴正喜

拝啓（はいけい）　残暑（ざんしょ）の候（こう）、ますますご隆盛（りゅうせい）のこととお慶び申し上げます。平素（へいそ）は格別（かくべつ）のお引立てを賜り、厚くお礼申し上げます。

　さて、このたび弊社（へいしゃ）では新製品（しんせいひん）スーパーキムチ冷蔵庫（れいぞうこ）を開発（かいはつ）、販売（はんばい）いたすことになりました。このスーパーキムチ冷蔵庫は従来（じゅうらい）の機種（きしゅ）にはない優（すぐ）れた性能（せいのう）を備（そな）えた画期的（かっきてき）製品で、自信（じしん）をもってお客様におすすめできるものです。

　つきましては、一般発表に先立（さきだ）ち、お得意様方に是非（ぜひ）ともご高覧（こうらん）いただきたく、下記のとおり発表会（かい）を開催いたすこととなりました。ご多忙中のところ恐縮でございますが、是非ご来場くださいますようご案内申し上げます。

敬具

記
1．日時：8月22日(水曜日) 午前10時から午後5時
2．場所：ソウル市江南区三成洞123
　　　　　ソウルグリーンホテル２階
　　　　　（電話 02-1234-5678）

以上

해석

고객 여러분께

늦더위의 계절에 더욱 건승하시기를 기원합니다. 평소의 각별한 배려에 깊이 감사드립니다.

　그런데 이번에 폐사에서는 신제품 슈퍼 김치냉장고를 개발 판매하게 되었습니다. 이 슈퍼 김치냉장고는 종래의 기종에는 없는 뛰어난 성능을 갖춘 획기적인 제품으로 자신을 갖고 고객분들에게 권할 수 있는 것 입니다.

　이에 일반 발표에 앞서 거래처분들에게 부디 봐 주시고자 아래와 같이 발표회를 열게 되었습니다. 바쁘신 중에 죄송합니다만 꼭 참석하여 주시기를 안내 말씀 드립니다.

Tip

❶의 「お客様各位」 외에 개인에게 보낼 경우는 「～株式会社○○部長△△△△様」와 같이 기입한다.
❷ 「スーパーキムチ冷蔵庫発表会のお知らせ(슈퍼 김치냉장고 발표회 통지)」와 같이 제목을 붙여도 좋다.

안내장 관련 여러가지 표현들

▶ 제품의 특징을 알릴 때

さて、当社が長年にわたって研究開発を進めてまいりました秘書ロボットが完成し、このほど製品化の運びとなりました。同製品は必要充分な秘書機能をもった世界初のロボットとして画期的な製品でございます。

_ 그런데 당사가 여러 해에 걸쳐 연구개발을 추진해 왔던 비서 로봇이 완성되어 이번에 제품화 단계에 이르렀습니다. 동 제품은 필요 충분한 비서기능을 지닌 세계 최초의 로봇으로서 획기적인 제품입니다.

さて、当社では来るべき高齢化社会に対応した機器の研究開発に全力を傾注してまいりましたが、今回新しく「介護機器スーパーHシリーズ」を発売する運びとなりました。この新製品は、とくに寝たきりとなった高齢者のかたがたの介護をバックアップするために開発したもので、介護をなさっている方のご負担軽減により、ご満足をいただけるものと確信いたしております。

_ 그런데 당사에서는 다가오는 고령화 사회에 대응한 기기의 연구개발에 전력을 기울여 이번에 새롭게 「간호기기 슈퍼H시리즈」를 발매하게 되었습니다. 이 신제품은 특히 누워 지내는 고령자들의 간호를 돕기 위해 개발한 것으로 간호하시는 분의 부담 경감으로 만족하실 수 있을 것으로 확신하고 있습니다.

さて、弊社の「デジタルカメラEシリーズ」は多くのお客様からご好評を賜ってまいりましたが、その第2弾として、このたび「Fシリーズ」を発売いたすことになりました。このシリーズはさらにコンパクト化、高性能化、多色化をはかり、とくに女性のお客様のご要望にお応えしたものとなっております。

_ 그런데 폐사의 「디지털 카메라 E시리즈」는 많은 고객으로부터 호평을 받아 왔습니다만 그 제2탄으로서 이번에 「F시리즈」를 발매하게 되었습니다. 이 시리즈는 더욱 콤팩트화, 고성능화, 다색화를 도모해 특히 여성 고객들의 요망에 부응할 수 있게 되어 있습니다.

さて、このたび弊社の新製品「ワールドカップサッカーゲーム」が完成し、来月末に発売することになりました。

_ 그런데 이번에 폐사의 신제품 「월드컵 축구게임」이 완성되어 다음 달 말에 발매하게 되었습니다.

▶ 발표회 참석 요청할 때

つきましては下記の通り関係者の皆様にご高覧願い、ご意見を伺いたいと存じます。ぜひご来場賜りますようよろしくお願い申し上げます。

_ 이에 아래와 같이 관계자 여러분들께 보여드리고 의견을 듣고자 합니다. 부디 와 주시기를 부탁 말씀 올립니다.

つきましては、お得意様にぜひともご高覧いただきたく、別紙のとおり発表会を開催いたします。ご多忙のところまことに恐縮でございますが、なにとぞご来場くだ

さいますようお願い申しあげます。
_ 이에 고객 여러분들께 꼭 보여드리고자 별지와 같이 발표회를 개최합니다. 다망하신 중에 죄송합니다만 부디 와 주시기를 부탁드립니다.

つきましては、皆様に直接お手にとっていただきながら、特徴(とくちょう)のご説明などを申し上げたく、下記の通り発表会を開催いたします。多数(たすう)の皆様のご来臨を心よりお待ち申し上げます。
_ 이에 여러분들이 직접 손으로 만져 보시면서 특징의 설명 등을 말씀드리고자 아래와 같이 발표회를 개최합니다. 많은 분들의 왕림을 진심으로 기대하고 있습니다.

つきましては、この製品(せいひん)の展示説明会を下記のように開催いたしますので、ご多忙中とは存じますが、ぜひご出席くださいますようお願い申し上げます。
_ 이에 이 제품의 전시설명회를 아래와 같이 개최하므로 다망하시겠지만 부디 참석해 주시기를 부탁드립니다.

09 백중(お中元)·연말(お歳暮) 인사장 쓰기

　お中元과 お歳暮는 평소 신세를 지고 있는 분에게 감사의 마음을 전하기 위해 선물을 보내는 것을 말한다. 비즈니스의 경우에는 대개 거래 회사 사람이나 부서에 보낸다. 선물을 보내는 시기는 お中元은 7월 초순부터 15일경까지이고 お歳暮는 12월 초순부터 25일경까지이다. 선물을 보낼 경우 물건을 보낸 사실을 인사장 형식으로 별도로 적어 보낸다. 한 백화점의 2017년도 통계에 따르면 お中元의 베스트 5는 1位 맥주·청주, 2位 고기·햄, 3位 국수·우동·면류, 4位 과일, 5位 조미료 등의 순이다. お歳暮의 경우도 대개 비슷하다.

　お中元·お歳暮를 보낼 때에는 각각 「御中元／お中元」「御歳暮／お歳暮」라고 쓰인 종이를 붙여 보낸다.

❶ 연월일, 수신인과 발신자 명기하기	2018年7月1日 東京商事株式会社 　総務部長　田中二郎様 　　　　　　　　　　　　　ソウル食品株式会社 　　　　　　　　　　　　　　東京支社長　崔一勉
❷ 계절 인사와 평소의 배려에 감사하기	拝啓　盛夏の候、貴社ますますご繁栄のこととお慶び申し上げます。平素は格別のご高配を賜り、厚くお礼申し上げます。
❸ 지원과 성원에 감사하기	おかげさまにて当社も順調に業績をあげておりますが、これもひとえに皆様方のお引き立てのたまものと心から感謝いたしております。
❹ 中元(歳暮)을 보낸 사실 알리기	つきましては、日ごろの感謝を込めてお中元(歳暮)のしるしとして心ばかりの品ではございますが、本日、別便にてお送りさせていただきましたので、ご笑納くださいますようお願い申し上げます。
❺ 마무리 인사	まずはご挨拶かたがたお知らせまで
❻ 맺음말	敬具

해석

성하의 계절에 귀사의 더 큰 발전을 기원합니다. 평소에는 각별한 배려를 해 주셔서 깊이 감사드립니다.
덕분에 당사도 순조롭게 업적을 올리고 있는데, 이것도 오로지 여러분들의 성원 덕분으로 마음으로부터 감사드리고 있습니다.
이에 평상시의 감사의 마음을 담아 백중의 표시로서 마음뿐인 물건입니다만 오늘 별편으로 보내 드렸으므로 받아 주시기를 부탁드립니다.
우선 인사 겸 알려 드립니다.

Tip

お中元은 7월이므로 계절인사는「盛夏の候」「炎暑の候」「酷暑の候」「暑さ厳しき折」등을 사용하고, お歳暮는 12월이므로「師走の候」「初冬の候」「寒冷の候」「本年も押し迫りましたが」「年末ご多忙の折」등을 사용한다.

　예) (お歳暮) 拝啓　師走の候、貴社ますますご繁栄のこととお慶び申し上げます。平素は格別のご高配を賜り、厚くお礼申し上げます。
　　　연말을 맞아 귀사의 더 큰 발전을 기원합니다. 평소에 각별한 배려를 해 주셔서 깊이 감사드립니다.

▶ お中元・お歳暮인사말

(お中元・お歳暮) おかげさまで弊社の業績は安定して伸びております。これもひとえに貴社の皆様のお引き立ての賜物(たまもの)と心から感謝いたしております。
_ 덕분에 폐사의 업적은 안정적으로 늘어나고 있습니다. 이것도 오로지 귀사 여러분들의 성원 덕분이라 생각하고 진심으로 감사드립니다.

(お中元・お歳暮) おかげさまで、わたくしどもは今年創立10周年という記念すべき年となりました。これもひとえに貴社のご支援があればこそと、社員一同深く感謝いたしております。
_ 덕분에 저희들은 금년 창립 10주년이라는 기념할 만한 해를 맞이하였습니다. 이것도 오로지 귀사의 지원 덕분으로 사원 일동 깊이 감사드립니다.

(お歳暮) 皆様のご愛顧(あいこ)のおかげをもちまして、当社も大過(たいか)なく1年を終えることができました。
_ 여러분들의 성원 덕분에 당사도 큰 탈 없이 1년을 마칠 수 있었습니다.

▶ お中元・お歳暮 선물 발송을 알릴 때

(お中元・お歳暮) つきましては、本日心ばかりの品をお送りいたしましたので、ご笑納(じせつがら)くださいませ。時節柄、皆々様にはくれぐれもご自愛(じあい)くださいますようお祈り申しあげます。
_ 이에 오늘 약소한 물건을 보냈으니 받아 주십시오. 여러분들께 앞으로도 더욱 정진 있으시기를 기원합니다.

(お中元・お歳暮) さて、ささやかではございますが、御(お)礼の心をこめて心ばかりの品をお送りいたしました。ご笑納下さい。
_ 다름이 아니오라 약소한 것이지만 감사의 마음을 담아 조촐한 물건을 보냈습니다. 받아 주십시오.

(お中元・お歳暮) さて、まことにささやかではございますが、御(お)礼をこめて、心ばかりの品ではございますが、別便(べつびん)でお送りいたしました。お納めのほどお願い申し上げます。
_ 그런데 정말 약소하지만 감사의 뜻을 담아 마음만의 물건입니다만 별도로 보내 드렸습니다. 받아 주시기를 부탁드립니다.

(お歳暮) さて、年末のごあいさつのしるしとして、心ばかりの品をお送りいたしました。ご笑納下さい。
_ 그런데 연말 인사 표시로 마음만 담은 물품을 보내 드렸습니다. 받아 주십시오.

10 복중 문안 인사(暑中お見舞い) 쓰기

한여름에 상대의 건강을 기원하는 뜻을 담아 보내는 의례적인 편지이다. 7월 중순에서 입추(8월 10일 전후)까지 보내는 것이 보통이다. 그 기간이 지나면 残暑見舞い(늦더위 문안 편지)를 보내며 인사말도「残暑お見舞い申し上げます」로 바뀐다.

엽서에 세로로 쓰는 것이 일반적이지만 최근에는 가로로 쓰는 경우도 늘어나고 있다. 또한 계절 인사뿐만 아니라 여름휴가나 휴업을 알리기 위해서도 사용된다. 시원한 풍경 사진이나 그림이 있는 엽서를 사용하기도 한다. 날짜는 ○○○○年盛夏, ××××年7月 등으로 표기한다.

❶ 暑中お見舞い申し上げます

❷ 暑さ厳しき折から、ますますご健勝のこととお喜び申し上げます。平素は格別のお引き立てを賜りまして、厚くお礼申し上げます。

❸ さて、甚だ勝手ながら、弊社では8月11日から15日まで夏期休業とさせていただきます。まことに勝手ながら、ご諒承のほどお願い申し上げます。

2018年盛夏

〒123-4567 東京都港区麻布1234
株式会社 オフィス・キム
TEL 02(1234)5678
FAX 02(1234)5679

해석

복중 문안 인사 드립니다.
   심한 무더위의 계절에 더욱 건승하시기를 기원합니다. 평소에 각별한 배려를 해 주셔서 깊이 감사드립니다.
   그런데 참으로 일방적이기는 합니다만 폐사는 8월 11일부터 15일까지 하기휴업입니다. 양해 있으시기를 부탁드립니다.

暑中お見舞い 관련 여러가지 표현들

▶ ❶의「暑中お見舞い申し上げます」대신 쓸 수 있는 인사말

暑中お伺い申し上げます。
_ 더위 문안 인사 드립니다.

残暑お見舞い申し上げます。
_ 늦더위 문안 인사 드립니다.

▶ ❷의「暑さ厳しき折から〜」대신 쓸 수 있는 표현들

毎日猛暑が続いておりますが、皆様におかれましてはますますご健勝のこととお慶び申し上げます。日ごろより格別のご高配を賜り、心よりお礼申し上げます。
_ 연일 혹서가 계속되고 있습니다만 여러분들이 한층 더 건승하시기를 기원합니다. 평상시 각별한 배려를 해 주셔서 마음으로부터 감사 드립니다.

暑さ厳しき折、ますますご清栄のこととお慶び申し上げます。
_ 더위가 기승을 부리는 요즈음 더욱 건승하시기를 기원합니다.

厳しい暑さが続いておりますが、御社ご一同様にはご健勝でご活躍のことと拝察申し上げます。
_ 심한 더위가 계속되고 있습니다만 귀사 여러분들의 건승과 활약을 기원합니다.

暑さ厳しい折から、皆様ますますご健勝のこととお喜び申し上げます。
_ 심한 더위의 계절에 여러분들의 건승을 기원합니다.

▶ ❸의「さて、甚だ勝手ながら…」대신 쓸 수 있는 표현들

さて、弊社では来る8月7日(土)より15日(日)まで、夏期休業とさせていただきます。誠に勝手ながら、なにとぞご了承のほどお願い申し上げます。
_ 그런데 폐사에서는 오는 8월 7일부터 15일까지 하기 휴업을 합니다. 참으로 일방적입니다만 양해 있으시기를 부탁드립니다.

さて当社では、夏期休暇としまして下記のとおり臨時休業いたします。ご迷惑をおかけしますが、なにとぞご了承のほどお願い申し上げます。
_ 그런데 당사에서는 하기 휴업으로서 아래와 같이 임시 휴업을 합니다. 폐를 끼치게 되었습니다만 양해해 주시기를 부탁드립니다.

11 연하장(年賀状) 쓰기

　우리도 연하장을 주고받기는 하지만 일본에서는 거의 누구나 많은 연하장을 주고받는다. 사회인이 보통 연말에 보내는 연하장은 수십 매 이상으로 많은 사람은 수백 장을 넘기도 한다. 우체국에서는 이것을 일제히 1월 1일 배달하기 위해 12월 초순경부터 연하장 전용 우편함을 비치하고 접수를 받는다. 사정이 있어 정월 초에 보내지 못했을 경우에는 寒中見舞い라고 해서 1월 중순 이후부터 2월 초순경까지 보내게 되는데 이 문안 편지에는 「寒中お見舞い申し上げます」라는 인사말을 넣는다.
　아래의 기본적인 문형 외에도 경우에 따라서는 자신의 근황을 전하거나 상대를 신경 써 주는 표현을 넣기도 한다. 이 엽서에도 여러 가지 정월의 그림이나 사진을 새겨 보내기도 한다.

❶ 謹賀新年
❷ 旧年中は格別のお引き立てをたまわり誠に有り難うございました。
❸ 本年もよろしくお願い申し上げます。

2018年元旦

〒123-4567 東京都港区麻布1234
株式会社 オフィス・キム
TEL 02(1234)5678
FAX 02(1234)5679

해석

　근하 신년
작년에는 각별한 배려를 해 주셔서 참으로 감사했습니다.
금년도 잘 부탁드립니다.

▶ ❶의 「謹賀新年」 대신 쓸 수 있는 인사말

恭賀新年　_ 공하신년, 근하신년

謹んで年頭のご祝詞を申し上げます。
_ 삼가 연두 축하 인사를 드립니다.

謹んで新春のおよろこびを申し上げます。
_ 삼가 신춘 축하 인사를 드립니다.

明けましておめでとうございます。
_ 새해를 축하드립니다.

年頭にあたり謹んでご祝詞を申し上げます。
_ 연두에 삼가 축하 인사 드립니다.

賀正　_ 하정

賀春　_ 하춘

頌春　_ 송춘

迎春　_ 영춘

▶ ❷의 「旧年中は〜」 대신 쓸 수 있는 표현들

旧年中はいろいろお世話になり、ありがとうございました。
_ 작년에는 여러 가지로 신세를 져서 감사했습니다.

旧年中はひとかたならぬご愛顧にあずかり、厚くお礼申し上げます。
_ 작년에는 각별한 성원을 해 주셔서 깊이 감사 말씀 드립니다.

昨年中は格別のご高配にあずかり、まことにありがとうございます。
_ 작년에는 각별한 배려를 해 주셔서 정말 감사합니다.

▶ ❸의 「本年もよろしくお願い申し上げます」 대신 쓸 수 있는 말

本年もどうぞよろしくお引き立てのほどお願い申し上げます。
_ 금년에도 부디 잘 돌보아 주시기를 부탁드립니다.

本年も変わらぬご厚誼のほど、心よりお願い申し上げます。
_ 금년에도 변함없는 후의를 진심으로 부탁드립니다.

本年も倍旧のご指導を賜りますようお願い申し上げます。
_ 금년에도 배전의 지도를 해 주시기를 부탁드립니다.

本年もなにとぞ倍旧のご支援を賜りますようお願い申し上げます。
_ 금년에도 부디 배전의 지원을 해 주시기를 부탁드립니다.

今年は弊社にとって重大な転機を迎えることになります。絶大なご支援を切にお願い申し上げます。
_ 올해는 폐사에 있어 중대한 전기를 맞게 됩니다. 절대적인 지원을 간절히 부탁드립니다.

新年を機に、より充実したお客様サービスをめざしがんばる所存でございます。
_ 신년을 계기로 보다 충실한 고객 서비스를 위해 분발할 생각입니다.

12 팩스(FAX) 보내기

팩스는 우편으로 보내는 문서보다 간단한 형태를 취하게 되므로 너무 의례적인 인사말을 사용하지 않고 간단히 기술하는 것이 일반적이다.

2018年2月8日

ＦＡＸ送信のご案内

宛先: 東京商事株式会社
　　　営業部長　大野忠男様
FAX: 03-4567-8900

全枚数(本票を含む): 1枚

件名: 貴社担当者変更の件

　お世話になっております。
　先日お話し申し上げましたように、弊社の組織変更に伴い、2月15日より従来の金愛淑にかわって朴聖愛が貴社を担当させていただくことになりました。なにかといたらぬ点も多いと存じますが、どうぞ前任者同様、お引き立てを賜わりますよう、よろしくお願い申し上げます。
　まずは、ご案内かたがたお知らせ申し上げます。

株式会社ソウル食品
東京支社長 林容権
〒123-4567 台東区上野123 東北ビルディング
TEL: 03-1234-5678
FAX: 03-1234-4567
E-mail: ryk@seoulf.com

해석

늘 신세를 지고 있습니다.

지난번에 말씀드린 바와 같이 폐사의 조직 변경에 따라 2월 15일부터 종래의 김애숙을 대신해 박성애가 귀사를 담당하게 되었습니다. 여러모로 부족한 점이 있을 것으로 생각합니다만 부디 전임자와 같이 배려해 주시기를 부탁 말씀 드립니다.

우선 안내를 겸해 알려드립니다.

Tip

문서의 가장 윗부분에 다음과 같은 인사말을 쓰고 그 뒤에 용건을 적는 방식도 무방하다.

拝啓　時下、益々ご清栄のこととお慶び申し上げます。
　平素は格別のお引き立てを賜り、厚くお礼を申し上げます。
下記のとおりFAXを送付させて頂きますのでご検討の上ご査収ください。

　　　　　　　　　　　　　　　　　　　　　　　　　　　敬具

더욱 건승하시기를 기원합니다.
평소에 각별한 배려를 해 주셔서 깊이 감사드립니다.
아래와 같이 팩스를 송부해 드리오니 검토해 주시기를 바랍니다.

▶ 담당자 변경을 알릴 때 쓸 수 있는 표현들

さて、このたびの定例人事異動により、これまで貴社の担当をさせていただいておりました課長の金乙漢は、2月15日付でソウル本社へ転勤となりました。本人在任中は、格別のご高配を賜り誠にありがとうございました。後任にはこれまで金の下で課長代理であった李容九を昇格させることといたしました。どうか前任者同様ご指導ご鞭撻のほどよろしくお願い申しあげます。

_ 다름이 아니오라 이번의 정례 인사이동에 의해 지금까지 귀사 담당이었던 과장 김을환이 2월 15일자로 서울 본사로 전근되었습니다. 본인(김을환)이 있을 때 각별한 배려를 해 주셔서 참으로 감사했습니다. 후임으로 지금까지 김 과장 아래의 과장대리였던 이용구를 승진시켰습니다. 부디 전임자와 같이 지도 편달 해 주시기를 부탁드립니다.

これまで貴社を担当させていただいておりました金乙漢が、このたびの当社人事異動により大阪支社に転任いたすこととなりましたため、後任として李容九が貴社の担当としてお世話いたすことになりました。前任者同様、なにとぞよろしくお引き立てのほどお願い申し上げます。
まずはご通知かたがたお願いまで。

_ 지금까지 귀사를 담당하고 있던 김을환이 이번 당사 인사이동에 의해 오사카 지사로 전근하게 되어 후임으로 이용구가 귀사를 담당하게 되었습니다. 전임자와 마찬가지로 부디 잘 배려해 주시기를 부탁드립니다. 우선 통지와 더불어 부탁 말씀 드립니다.

長らくご愛顧を賜ってまいりました金乙漢は、このたび都合により退社いたしましたのでお知らせ申し上げます。その後任としては、営業部の李容九を任命いたしました。今後とも営業部一同、御社のご要望にお応えいたすため、いっそうの努力をつくす覚悟でございます。

_ 오랫동안 성원해 주셨던 김을환은 이번에 사정으로 퇴사하였으므로 알려드립니다. 그 후임으로 영업부 이용구를 임명하였습니다. 앞으로도 영업부 일동은 귀사의 요망에 답하기 위해 더욱 노력할 각오입니다.

13 E-MAIL 보내기

일본어로 E-MAIL을 작성하려면 일본어 입력기를 설치해야 한다.

윈도우 7의 경우, 〔시작〕-〔제어판〕 창을 열어 〔국가 및 언어〕 옵션을 선택한다. 〔키보드 및 언어〕에서 〔키보드 변경〕을 클릭하고, 〔텍스트 서비스 및 입력 언어〕 창이 나오면 〔추가〕를 클릭한다. 〔입력 언어 추가〕 창이 나오면 〔일본어〕〔Microsoft 입력기〕를 차례대로 선택한 후 〔확인〕을 클릭한다. 〔텍스트 서비스 및 입력 언어〕 창에서 〔JP〕 일본어 항목이 생긴 것을 확인한 다음 마지막으로 〔적용〕을 클릭한다.

윈도우 8의 경우, 〔제어판〕 창을 열어 〔언어〕 옵션을 선택한 다음, 〔언어 기본 설정 변경〕 창이 나오면 〔언어 추가〕를 클릭한다. 언어 그룹에서 〔일본어〕를 찾아서 클릭하고 언어 기본 설정 변경 목록에 〔일본어〕 항목이 보이면 올바르게 설정된 것이다.

윈도우 10의 경우, 〔제어판〕 창을 열어 〔시계, 언어 및 국가별 옵션〕을 선택한 다음, 〔언어〕 창이 나오면 〔언어 추가〕를 클릭한다. 언어 그룹에서 〔일본어〕를 찾아서 클릭하고 언어 기본 설정 변경 목록에 〔일본어〕 항목이 보이면 올바르게 설정된 것이다.

E-MAIL 문장은 단락에서 행바꾸기를 하게 되면 상대의 환경에 따라서 아주 읽기 어려운 상태가 되기도 하므로 30자 전후에서 행을 바꾸는 것이 좋다.

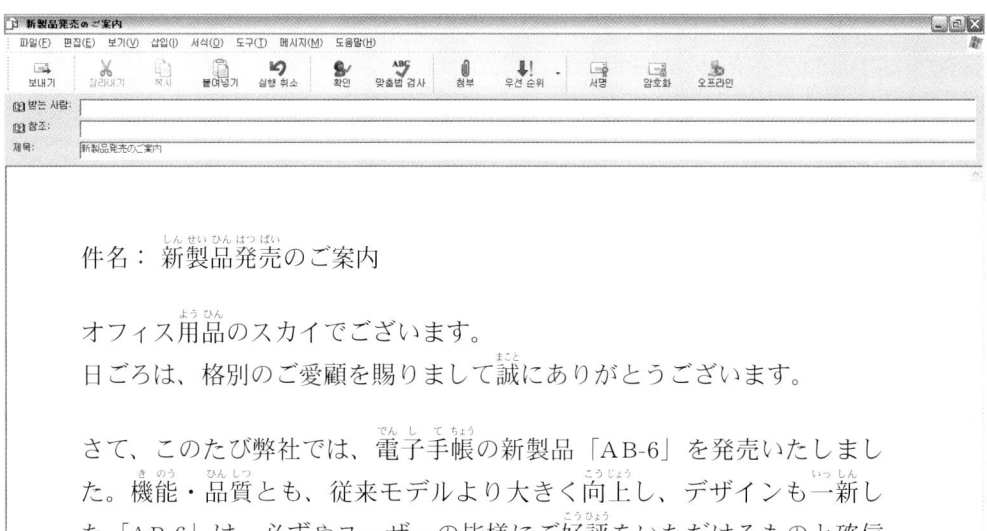

> **해석**

오피스 용품 스카이입니다. 평소 각별한 배려를 해 주셔서 감사합니다.
다름이 아니오라 이번에 폐사에서는 신제품 전자수첩「AB-6」를 발매했습니다.
기능과 품질 모두 종래 모델보다 크게 향상되었고 디자인도 일신된「AB-6」는 반드시
소비자 여러분들에게 호평받을 수 있을 것으로 확신하고 있습니다.
당사 홈페이지(http://www.sky.co.kr)에서 제품에 대해 상세하게 알려드림과 동시에
전국 전시장에서 전시 · 실연하고 있으므로, 보신 다음 부디 주문해 주시도록 부탁 말씀
드립니다.

> **Tip**

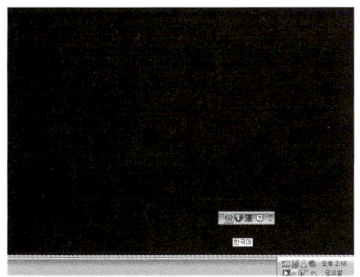

1. 모니터 우측 하단에 표시되어 있는 언어설정 아이콘입니다. 한글을 기본으로 하고 있으므로 [KO]라고 표시되어 있습니다.

2. 타이핑할 언어를 추가하고자 할 경우 [KO]를 마우스 우측버튼으로 눌러 설정을 선택합니다.

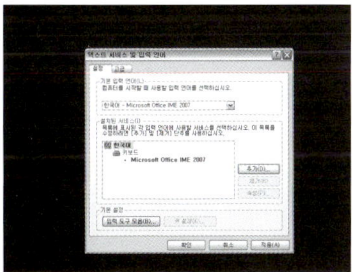

3. 일본어가 설치되지 않으면 한국어만 표기됩니다. 추가버튼을 클릭합니다.

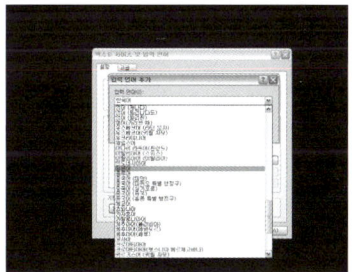

4. 추가할 언어들의 목록이 나옵니다. 입력언어와 자판배열에는 보기와 같은 항목을 선택합니다. 적용, 확인하여 설정을 끝마칩니다.

5. 처음 [KO] 표기를 마우스 클릭하여 [JP] 일본어 입력기를 선택합니다.

6. 일본어 입력은 일본어 히라가나에 해당되므로 최상단의 (hiragana)를 선택합니다.

▶ E-메일로 신제품 구입을 권유할 때

さて、このたび弊社では「デジタルカメラの新シリーズ・Exciteシリーズ」を開発、販売いたすことになりました。この「Exciteシリーズ」は従来の機種にはない優れた性能と洗練されたデザインを備えた画期的製品で、自信をもってお客様におすすめできるものです。詳しいスペックはホームページhttp://tokyocamera.co.jpでご覧になれます。ご高覧の上、ぜひお買い求めくださいますようお願い申し上げます。

_ 다름이 아니오라 폐사에서는 「디지털 카메라의 신 시리즈 익사이트 시리즈」를 개발 판매하게 되었습니다. 이 「익사이트 시리즈」는 종래의 기종에는 없는 뛰어난 성능과 세련된 디자인을 갖춘 획기적인 제품으로 자신을 갖고 고객에게 권할 수 있습니다. 자세한 사양에 대해서는 홈페이지 http://tokyocamera. co.jp에서 보실 수 있습니다. 보신 다음 부디 구입해 주시기를 부탁드립니다.

当社では、これまでご愛顧いただいてまいりました品に加え、ご要望にこたえて、10月1日より新たに「スーパーキムチシリーズ」を発売することになりました。同シリーズは、いずれも有機野菜、自然調味料のみを原料とし、韓国伝統の製法でていねいに作られた天然発酵食品で、おいしさとともに、安心してお求めいただけるものと存じております。なにとぞご用命下さいますようお願い申し上げます。

_ 당사에서는 지금까지 성원해 주셨던 제품에 이어, 요망에 답하고자 10월 1일부터 새로운 「슈퍼 김치 시리즈」를 발매하게 되었습니다. 동 시리즈는 모두 유기 야채와 자연 조미료만을 원료로 하여, 한국 전통의 제조법으로 정성스럽게 만들어진 천연 발효 식품으로, 맛과 더불어 안심하고 구입하실 수 있습니다. 부디 주문해 주시기를 부탁드립니다.

14 우편봉투 쓰기

앞면

〒123-4567
東京都千代田区大手町123
株式会社東京食品
　営業部長　鈴木一郎様

切手

뒷면

9月30日
　　〒123-1111
　東京都新宿区西新宿321
　株式会社東海商事東京支社
　　　金　明　淑

본문 해석

01 신규 거래 제의   P.26

늦더위가 기승을 부리는 요즈음 귀사의 더 큰 발전을 기원합니다.
　그런데 이렇게 갑자기 서신을 올려 실례라고 생각합니다만 저희 회사와의 신규 거래 제의를 드리고자 서신을 올립니다.
　저희 회사는 한국 서울에 본사를 둔 창업 10년이 되는 전자기기 전문제조업체입니다. 아직 연륜이 짧은 기업이지만 높은 기술력과 참신한 아이디어로 액정모니터 분야에서는 한국 제1위의 점유율을 자랑하고 있습니다.
　이번에 귀국에서도 저희 회사의 제품을 발매하려고 생각하여 대리점을 물색하던 중 우연히 거래처인 西山전기주식회사 서울지점장이신 山田님으로부터 귀사를 소개받았습니다.
　이에 일방적이기는 하지만 저희 회사 안내서와 제품 카탈로그를 동봉하였으므로 살펴보시고 본 건을 검토해 주시길 부탁드립니다.
　우선 간단하나마 서신으로 부탁 말씀 올립니다.

　　　　　　　　　　　　　　　　　　　　경구
　　　　　　　　　기
　　　　　동봉 서류　회사안내서 1통
　　　　　　　　　　제품카탈로그 1통
　　　　　　　　　　　　　　　　　　　　이상

02 신규 거래 승낙   P.32

귀사가 더욱 발전하시기를 기원합니다.
　그런데 10월 25일자 귀측의 서신 확실히 받았습니다.
　저희 회사와의 신규 거래를 신청해 주셔서 진심으로 감사드립니다.
　바로 검토한 결과 저희 회사로서도 이전부터 판매 품목에 액정모니터를 추가하려고 생각하고 있었으므로, 기꺼이 승낙함을 알려드립니다.
　이에 저희 회사의 거래조건은 별지 거래 규정서와 같으므로 검토하신 후 응낙하여 주신다면 바로 거래 계약의 체결을 하고 싶어서 연락드립니다.
　우선은 신규 거래 승낙 통지와 거래조건의 연락을 위해.

　　　　　　　　　　　　　　　　　　　　경구
　　　　　　　　　기
　　　　　동봉 서류　거래 규정서　1통
　　　　　　　　　　　　　　　　　　　　이상

03 주문하기   P.38

더욱 큰 발전이 있으시기를 축원합니다.
　그런데 이번에 송부하여 주신 귀사 상품카탈로그 2018년 가을호에 의해 아래와 같이 주문합니다.
　납기를 엄수해 주시고 잘 수배해 주시기를 부탁 말씀 드립니다.

　　　　　　　　　　　　　　　　　　　　경구
　　　　　　　　　기
　　1. 품목 및 수량　MCⅢ형 블루　100대
　　　　　　　　　　MCⅢ형 실버　100대
　　　　　　　　　　MCⅡ형 그린　100대
　　2. 단 가　　　　금 25,000엔
　　3. 납 기　　　　9월 30일 부산 필착
　　　　　　　　　　　　　　　　　　　　이상

04 가격 변경 교섭   P.44

귀사가 더욱 번영하시기를 기원합니다. 매번 각별한 후원을 해 주셔서 진심으로 감사 말씀 올립니다.
　다름이 아니오라, 안내해 드린 대로 요즈음 제반 원료가격의 급등, 엔저 진행 등에 의해 당사 제품의 생산 원가 압력이 서서히 높아져 왔습니다. 당사에서도 생산 공정의 합리화, 사무의 효율화 등에 의해 생산 원가 인하에 전력을 다해 왔습니다만, 그 노력도 한계에 달해 지금까지의 납입 가격으로는 경영 기반을 뒤흔들지도 모르는 상황에 이르렀습니다.

이에 참으로 죄송스럽습니다만, 별지와 같이 가격 인상을 부탁드리는 바입니다. 부디 사정을 현찰하시어 승락하여 주시기를 부탁드립니다.

또한 이것을 기회로 더욱 서비스에 만전을 기해 여러분의 기대에 부응할 각오입니다.

우선 통지와 더불어 부탁 말씀을 위해.

경구

기
동봉 서류   당사 제품 신가격표 1통

이상

05 지불 청구   P.50

귀사가 더욱 번창하시기를 기원합니다. 평소에 각별한 배려를 해 주셔서 진심으로 감사 말씀 올립니다.

다름이 아니오라, 이번의 주문품은 바로 보내 드렸는데 이미 도착했을 것으로 생각됩니다.

이에 동봉 청구서 대로 청구를 합니다. 확인하신 다음 6월 30일까지 대금을 지불하여 주시기를 부탁 말씀 올립니다.

우선은 서둘러 부탁드립니다.

경구

기
동봉 서류   청구서 1통

이상

06 납기 지연에 대한 항의   P.56

귀사가 더욱 발전하시기를 기원합니다. 평소에는 여러모로 배려해 주셔서 감사 말씀 올립니다.

다름이 아니오라, 3월 10일자로 귀사에 주문한 발전기 부품 XG-12 건입니다만, 약속 납품기일 4월 말에서 1달 반이나 경과하고 있습니다만, 아직 동 제품은 도착하지 않고 있습니다.

그간 여러 번에 걸쳐 전화로 문의하고 독촉을 했습니다만 여전히 납득이 가는 회답을 받지 못하고 자꾸 시간이 경과하고 있습니다.

당사 조립공정 상에 다대한 지장을 초래할 뿐만 아니라, 이것이 원인으로 당사의 납품처에 반입이 지연되면 이것 또한 큰 문제가 될 것은 명확합니다. 주문하였

을 때도 납기에 관해서는 특별한 배려를 부탁드렸으며, 회답을 받을 수 없는 상황을 대단히 유감으로 생각하고 있습니다.

이에 서면으로 엄중히 항의 말씀을 올림과 더불어 아래의 점에 관해 긴급히 회답 주시기를 부탁 말씀 올립니다.

경구

아래
1. 지연의 원인 사유
2. 확실한 납기 일시
3. 금후의 대응에 관하여

이상

07 품절 통지   P.62

늦더위의 계절에 귀사 더욱 번창하시기를 기원합니다. 평소의 각별한 배려에 진심으로 감사 말씀 드립니다.

다름이 아니오라 이번에는 SUNNY「MR30」을 주문하여 주셔서 진심으로 감사드립니다. 대단히 죄송스럽습니다만, 해당 제품은 현재 품절되었습니다. 제조사에 문의하여 본 결과, 9월 하순에는 입하될 예정이라고 합니다. 제품이 입하되는 대로 연락드리겠으니 조금 더 기다려 주시기를 부탁드립니다.

희망에 부응할 수 없어 참으로 죄송스럽습니다만, 앞으로도 폐사를 후원하여 주시기를 부탁드립니다.

우선은 서면으로 사죄 겸 통지드립니다.

경구

08 사양서 견본 송부 의뢰   P.68

엄동설한의 계절에 귀사의 더욱 큰 발전을 기원합니다.

다름이 아니오라 참으로 죄송합니다만, 귀사 제품의 사양서와 견본을 송부하여 주십사 본 서신을 올립니다.

폐사는 한국 서울에 본사를 두고 한국 주요 도시에서 건강기구의 판매를 하고 있습니다. 이번에 마사지 관련 상품을 찾고 있었던 바 업계지에서 귀사의 신제품 마사지 의자 V 시리즈를 보았습니다. 최근 한국에서는 건강기구가 붐입니다만, 이 상품은 한국 내에서 유사품이 없어 현 시점에서 판매하게 된다면 상당수의 수요가 예상될 것으로 생각됩니다. 따라서 조건이 맞는다면 폐사는 동 제품을 취급하고 싶은 제품으로 생각하고 있습니다.

이에 번거로우시겠지만 시리즈의 대표적인 상품 3~4점의 사양서 및 견본을 조속히 송부하여 주시기를

부탁 말씀 올립니다. 또한 견본 대금이 필요할 경우에는 그 내용을 연락하여 주십시오.

　우선 서둘러 부탁드립니다.

경구

09 특허권 사용 허가 요청　P.74

초봄의 계절을 맞아 귀사의 발전을 기원합니다.

　다름이 아니오라 폐사는 1990년에 창립한 의료 기기를 중심으로 제조하는 기계 메이커로서 거래처는 한국 전역의 종합 병원, 의료 기관에 미치고 있습니다.

　이번에 폐사에서는 다가오게 될 한국의 초고령화 사회를 앞두고 신체 장애자 특히 노인을 서포트할 의료 기기의 제조 판매를 입안 중으로, 그중에서도 귀사가 출원 중인 특허(한국특허 123456호)를 사용하고자 하고 있습니다.

　이에 폐사의 회사 안내, 사업 계획서를 동봉하므로 살펴보신 다음 특허 사용의 허가를 부탁드립니다. 또한 특허 사용의 조건, 신청 서류에 관해서도 가르쳐 주시기를 바라며 가까운 시일 내에 연락을 올리겠습니다.

　우선 서둘러 부탁 말씀 드립니다.

경구

10 도착물품 수량부족 조회·회답　P.80

더욱 더 융성하시기를 기원드립니다. 평소의 각별한 배려에 진심으로 감사드립니다.

　다름이 아니오라, 지난 9월 15일자로 주문드린 19인치 액정 디지털 텔레비전 DT-19J, 금일 받았습니다. 바로 검품한 결과, 당사가 주문한 수량보다 부족합니다. 납품서에는 주문대로 50대로 되어 있으나 현품은 5대 부족합니다.

　무엇인가 착오라고 생각되는데, 조속히 검사하신 후, 바로 부족분을 송부하여 주시기를 부탁드립니다.

　우선은 서둘러 도착 물품 부족 조회를 부탁드립니다.

경구

11 회사 설립 인사장　P.86

단풍이 아름다운 계절을 맞아 여러분들의 더 큰 발전이 있으시기를 기원합니다. 평소에 각별한 성원을 해 주셔서 깊이 감사드립니다.

　다름이 아니오라, 전부터 여러분의 지원 하에서 설립 준비를 해온 저희 서울상사 주식회사가 이번에 컴퓨터 관련 기기 및 소프트 판매회사로 발족하게 되었습니다. 이것도 오로지 여러분의 지원 덕분이라고 진심으로 감사드리는 바입니다.

　탄생 직후의 회사입니다만, 임원을 비롯하여 종업원 일동 결의를 새롭게 성심성의껏 봉사하겠사오니 부디 각별한 후원을 해주시기를 부탁드리며, 인사 말씀 드립니다.

경구

아래

1. 사명　　　서울상사 주식회사
2. 소재지　　서울시 강남구 역삼동 ○○○
3. 전화　　　02-1234-5678 (대표)
4. 팩스　　　02-1234-6789
5. 홈페이지　http://www.s-seoul.com
6. 설립연월일　2018年10月1日

12 신제품 안내　P.92

만추의 계절에 귀사 더욱 발전하심을 기원드립니다. 평소의 각별한 후원에 진심으로 감사드립니다.

　다름이 아니오라 바로 용건을 말씀드리자면, 폐사의 신제품「디지털 비디오카메라 DC400」을 소개하겠습니다. 이 제품은 폐사의 디지털 영상 기술을 집대성한 신제품으로 이번 10월 1일에 발매를 개시하였습니다. 종래의 제품에 비해 줌업스피드의 향상으로 세계 최고의 속도를 기록, 장시간의 촬영에도 피로감이 없도록 경량화를 달성, 동급 최대인 3.5형 고화질 액정모니터 탑재, 인체공학에 따른 스위치 배치, 퍼스널 컴퓨터 접속에 편리한 케이블과 소프트를 기본으로 장비하는 등 종래 제품에 비해 현격한 성능 향상을 이루어 발매 이래 호평을 받고 있습니다.

　이에 여기에 카탈로그를 동봉하오니, 살펴보신 후 주문하여 주시기를 부탁드립니다.

　우선은 신제품 안내와 권유 말씀을 드립니다.

아래
동봉서류 카탈로그　1통

이상

다지기 연습 해답

※ 연습 3의 문서 작성은 모범 한 예만 실었습니다.

01 신규 거래 제의　P.30-31

❶
1) ① ご迷惑かと存じますが、ご送付申し上げます。
　② ご存じかと存じますが、お知らせ申し上げます。
　③ お忙しいかと存じますが、お願い申し上げます。
　④ お持ちかと存じますが、ご紹介申し上げます。

2) ① 開業したばかりでございますが、ばつぐんの人気を誇っております。
　② 低価格でございますが、高性能を誇っております。
　③ 深夜の番組でございますが、高視聴率を誇っております。
　④ 低価格の輸入品でございますが、しっかりした品質を誇っております。

3) ① 展示会へ行ったところ、たまたま展示されていました。
　② 東京へ行ったところ、たまたま手に入れました。
　③ 新聞を見たところ、たまたま広告が出ていました。
　④ 明洞を歩いていたところ、たまたま友人に会いました。

❷
① 突然でまことに失礼かと存じますが、
② 弊社と新規にお取引をお願いいたしたく、ここにご連絡申し上げます。
③ 貴国においても弊社製品を発売したいと考え代理店を捜しておりました。
④ 当社の会社案内書と製品カタログを同封させていただきました。

❸
　　　　　　　　　　　新規お取引のお願い

拝啓　貴社ますますご隆盛のこととお喜び申し上げます。
　さて、突然で恐縮でございますが、貴社とのお取引をお願いいたしたく、ご連絡申し上げます。
　弊社は、韓国・プサンに本社を置き創業以来30年の総合食品製造会社でございます。最近の安全食品への関心の高まりにより、有機野菜を使い無添加で作ったキムチがとくに好評で、毎年販売を伸ばしております。このたび弊社の製品を日本でも発売したいと考え代理店をさがしておりましたところ、当社の取引銀行であるプサン銀行の金民浩国際部長から貴社を紹介されました。
　つきましては、弊社の会社案内書と製品カタログを同封させていただきましたでご高覧のうえ本件をご検討いただきたくお願い申し上げます。
　まずは、略儀ながら書中をもってお願い申し上げます。

　　　　　　　　　　　　　　　　　　　　　　　　　　　　　　　　　敬具

記
同封書類　　会社パンフレット　　1通
　　　　　　製品カタログ　　　　1通
以上

02 신규 거래 승낙　P.36-37

❶
1)　① 資料をご覧いただく
　　② キャンペーンにご応募いただく
　　③ 手紙をお送りいただく
　　④ 弊社をお招きいただく

2)　① 調査した結果、報告いたしました。
　　② 抽選した結果、通知いたしました。
　　③ 審査した結果、決定いたしました。
　　④ 応募した結果、当選いたしました。

3)　① ご覧の上ご決定いただく
　　② ご審査の上ご採用いただく
　　③ ご確認の上、ご使用いただく
　　④ サンプルテストの上、ご購入いただく

❷
① 新規取引申込書、確かに拝受いたしました。
② かねてより考えておりました。
③ ただちに契約を締結させていただきたいです。
④ 弊社の取引条件は下記の通りでございます。

❸
新規取引のご承諾について

拝啓　貴社ますますご盛栄のこととお喜び申し上げます。
　さて、このたびは新規取引のお申し込みをいただき、まことにありがとうございます。
　貴社の製品は独創的で技術水準が高く、値段も手頃なため、発売当初から好調な売れ行きだと業界雑誌で拝見し、関心をもっておりました。貴社の製品を仕入れることができれば、弊社にとっても願ってもないことでございます。喜んでご承諾申し上げます。
　なお、貴社ご呈示の取引条件に異存はありませんが、韓国における貴社製品の独占販売権をいただきたく、お願い申し上げます。
　まずは、新規取引承諾のご通知まで。
敬具

03 주문하기　P.42-43

❶
1) ① 紛争処理規程により処理いたします。
   ② 航空便により出荷いたします。
   ③ 業績不振により閉店いたします。
   ④ 契約違反により提携解消いたします。

2) ① ご理解の上、ご了承ください。
   ② ご記入の上、ご提出ください。
   ③ 必要書類添付の上、お申込みください。
   ④ 万障お繰り合わせの上、ご参加ください。

3) ① お知らせくださいますようお願い申し上げます。
   ② ご了承くださいますようお願い申し上げます。
   ③ ご確認くださいますようお願い申し上げます。
   ④ お電話くださいますようお願い申し上げます。

❷
① 本日はわざわざご来社いただきありがとうございました。
② 在庫量をお調べの上、ご連絡をお願いします。
③ カタログをご覧になりご注文ください。
④ 来月15日までに納入くださいますようお願い申し上げます。

❸
　　　　　　　　　　生ラーメンの注文について

拝啓　貴社ますますご盛栄のこととお慶び申し上げます。　平素は格別のご高配をたまわり、心よりお礼申し上げます。
　さて、先日ソウルで開催されました食品見本市で貴社の生ラーメンを拝見いたしました。さっそく検討いたしました結果、ぜひ取り扱いたいと思いますので、下記の通り注文いたします。
　納期厳守の上、よろしくご手配くださいますようお願い申し上げます。

　　　　　　　　　　　　　　　　　　　　　　　　　　　　　　　　　　　　　敬具

　　　　　　　　　　　　　　　　　　記
　　　　　　　1　品　名　　東京生ラーメン醤油味／塩味／味噌味
　　　　　　　2　数　量　　各500ケース
　　　　　　　3　単　価　　10,000円／ケース
　　　　　　　4　納　期　　10月30日

　　　　　　　　　　　　　　　　　　　　　　　　　　　　　　　　　　　　　以上

04 가격 변경 교섭　P.48-49

❶　1)　①　徹底した品質管理により製品の信頼向上につとめてまいりました。
　　　　②　コスト削減努力により輸出を増やしてまいりました。
　　　　③　経済発展により国民の生活水準が向上してまいりました。
　　　　④　不況により購買能力が低下してまいりました。

　　2)　①　この価格では赤字を出しかねません。
　　　　②　その品質では他社との競争に負けかねません。
　　　　③　曖昧な対応では信用を失墜しかねません。
　　　　④　このままでは入札に失敗しかねません。

　　3)　①　なにとぞ詳細をご検討の上、お決めくださいますようお願い申し上げます。
　　　　②　なにとぞ商品カタログをご覧の上、お選びくださいますようお願い申し上げます。
　　　　③　なにとぞ番号をご確認の上、お電話くださいますようお願い申し上げます。
　　　　④　なにとぞ内容をお確かめの上、ご送金くださいますようお願い申し上げます。

❷　　　①　価格引き上げのお願い
　　　　②　コスト圧力が徐々に高まってきました。
　　　　③　その努力も限界に達しました。
　　　　④　経営基盤をゆるがしかねない事態に立ち至りました。

❸　　　　　　　　　　　　　価格改定のお願い

拝啓　貴社ますますご盛栄のこととお慶び申し上げます。平素は格別のご高配をたまわり、心よりお礼申し上げます。
　さて、ご高承のとおり、昨年来輸入原材料の値上げが相次ぎ、原材料費の比率が高い弊社は採算性悪化に悩んでまいりました。弊社といたしましても、できる限り生産工程の合理化と原価削減に努めてまいりましたが、もはや従来の価格を維持できなくなりました。
　つきましては、誠に恐縮ながら、きたる4月1日の納入分から、別紙の通り値上げさせていただきたくお願い申し上げます。

　　敬具
　　　　　　　　　　　　　　　　　　記
　　　　　　　　　　　同封書類　　製品新価格表　　1通
　　以上

05 지불 청구　P.54-55

❶　1)　①　さっそくお調べ申し上げました。
　　　　②　さっそくご紹介申し上げました。

③ さっそくお届け申し上げました。
④ さっそくご連絡申し上げました。

2) ① すでにご存じのことと拝察いたします。
② すでにご承知のことと拝察いたします。
③ すでにご購入のことと拝察いたします。
④ すでにお召し上がりのことと拝察いたします。

3) ① 以下の通りご提案申し上げます。
② 別紙の通りご報告申し上げます。
③ 下記の通りご連絡申し上げます。
④ 別表の通りご返品申し上げます。

❷ ① 貴社ますますご盛栄のこととお慶び申し上げます。
② すでにご入手のことと拝察いたします。
③ 同封請求書のとおりご請求申し上げます。
④ まずは、取り急ぎお願いまで。

❸ カラーレーザープリンター代金ご請求の件

拝啓　初秋の候、貴社ますますご盛栄のこととお慶び申し上げます。平素は格別のご愛顧を賜り、厚くお礼申し上げます。
　さて、ご注文の標記製品は3月20日に貴社営業部に納品申し上げました。
　つきましては、品代金を同封請求書のとおりご請求申し上げますので、よろしくご手配くださいますよう、お願い申し上げます。

敬具

06 납기 지연에 대한 항의　P.60-61

❶ 1) ① 何度もチャレンジしておりますが、いまだ合格しておりません。
② 督促しておりますが、いまだ受け取っておりません。
③ 申請しておりますが、いまだ許可されておりません。
④ 検討しておりますが、いまだ決定しておりません。

2) ① 価格引き下げにつきましては最大限の努力をお願いしています。
② 今回のプロジェクトにつきましては課員全員のご協力をお願いしています。
③ 完成品の点検につきましては細心の注意をお願いしています。
④ 性能テストにつきましてはあらゆる状況を想定したものをお願いしています。

3) ① 価格についてご連絡くださるようお願いします。
② 特許使用料についてご提示くださるようお願いします。
③ 開催日時についてご決定くださるようお願いします。

❷　　　④　請求内容についてご確認くださるようお願いします。

❷　　　①　お約束の納期を2か月も過ぎています。
　　　　②　いまだ報告は届いていません。
　　　　③　大変遺憾に存じております。
　　　　④　書面をもって厳重に抗議を申し上げます。

❸　　　　　　　　　　　納期遅延について

拝啓　貴社ますますご繁栄のこととお喜び申し上げます。平素は何かとご高配を賜り感謝申し上げます。
　さて、さる11月15日付で注文申し上げました水中カメラMNS−22は、すでに納期を過ぎておりますが、いまだご送品いただいておりません。これまで何度も電話にてお問い合わせいたしましたが、明確な回答をいただけません。
　弊社といたしましては、納品がこれ以上遅れるようでしたら、注文をキャンセルさせていただき、今後のお取引も遠慮させていただくほかございませんので、ご了承いただきたく存じます。至急、誠意あるご回答をいただきたくお願い申し上げます。
　まずは、取り急ぎご催促まで。

　　　　　　　　　　　　　　　　　　　　　　　　　　　　　　　　　　　　　　　敬具

07 품절 통지　P.66-67

❶　1)　①　ただ今ベストセラーとなっております。
　　　　②　ただ今生産中断となっております。
　　　　③　ただ今お得意様割引価格となっております。
　　　　④　ただ今許可待ちの状態となっております。

　　2)　①　調査しましたところ、将来有望な業種とのことでございました。
　　　　②　尋ねましたところ、生産完了したとのことでございました。
　　　　③　確認しましたところ、お送りしたとのことでございました。
　　　　④　調べましたところ、中国製とのことでございました。

　　3)　①　完成し次第ご報告申し上げます。
　　　　②　入手し次第ご送付申し上げます。
　　　　③　到着し次第お届け申し上げます。
　　　　④　わかり次第お知らせ申し上げます。

❷　　　①　たいへん申し訳ございません。
　　　　②　当該製品はただいま品切れとなっております。
　　　　③　来月には入荷する予定とのことでございました。
　　　　④　ご希望に添えずまことに申し訳ございません。

❸　　　　　　　　　　　ご注文品品切れのお知らせ

拝啓　立春の候、貴社ますますご清栄のこととお喜び申し上げます。平素は格別のご高配をいただき厚くお礼申し上げます。
　さて、2月10日付でご注文いただきました携帯電話K−NN3は、まことに申し訳ございませんが、ただ今品切れとなっております。同品は、世界的に人気の品で、お客様にご迷惑をおかけしておりますが、当社といたしましても、皆様からのご注文にお応えできるよう増産態勢をとって、フル生産に努めておりますので、3月中旬までには出荷できるものと存じます。その節はあらためて当方よりご連絡を申し上げますので、今しばらくお待ちいただきますようお願い申し上げます。
　ご迷惑をおかけし申し訳ございませんが、ご了承を賜りたくお願い申し上げます。
　取り急ぎ、お詫びとご連絡を申し上げます。
　　　　　　　　　　　　　　　　　　　　　　　　　　　　　　　　　　　　　敬具

08 사양서・견본 송부 의뢰　P.66-67

❶　1)　① 業界紙を読んでおりましたところ、貴社の記事を拝見しました。
　　　　② テレビのニュースを見ておりましたところ、貴社会長のインタビューを拝見しました。
　　　　③ パソコン雑誌を読んでおりましたところ、貴社製品の紹介記事を拝見しました。
　　　　④ 見本市を見学しておりましたところ、貴社のブースを拝見しました。

　　2)　① 日本で公開したら、大ヒットするものと思われます。
　　　　② 値段を下げたら、売り上げが増大するものと思われます。
　　　　③ 両社が協力したら、世界をリードできるものと思われます。
　　　　④ このままで発売したら、特許を侵害するものと思われます。

　　3)　① 当社の規準に達するならば、お取引したいものと考えております。
　　　　② 最低数量を保証していただけるならば、値下げしたいものと考えております。
　　　　③ 価格を引き下げられるならば、輸入したいものと考えております。
　　　　④ 景気が回復するならば、増産したいものと考えております。

❷　① 雑誌で貴社の紹介を拝見しました。
　② 韓国ではサッカー観戦がブームとなっております。
　③ 相当数の販売が見込めるものと思われます。
　④ 至急見本をご送付下さいますようお願い申し上げます。

❸　　　　　　　　　　　　見本送付のお願い

拝啓　貴社ますますご隆昌のこととお慶び申し上げます。平素は格別のお引き立てにあずかり、厚くお礼申し上げます。
　さて、弊社では貴社新発売のサングラス「クリアグラスシリーズ」の仕入れを検討いたしております。

つきましては、お手数ですが、下記製品の商品見本をご送付下さいますよう、よろしくお願い申し上げます。
まずは、取り急ぎご依頼まで。

敬具

記
1. CGブラック　1個
2. CGグリーン　1個

以上

09 특허권 사용 허가 요청　P.78-79

❶　1)　① 　トラックを中心に製造する自動車メーカーです。
　　　　② 　ピアノを中心に製造する樂器メーカーです。
　　　　③ 　パソコンを中心に製造する電子機器メーカーです。
　　　　④ 　炭素繊維を中心に製造する合成繊維メーカーです。

　　2)　① 　輸出先はアジア各国に及んでおります。
　　　　② 　納入先は企業研究所、大学に及んでおります。
　　　　③ 　生産品目は1000種類に及んでおります。
　　　　④ 　影響は韓国社会全体に及んでおります。

　　3)　① 　きたるべきテレビ放送のデジタル化を前に
　　　　② 　きたるべき世界の食糧危機を前に
　　　　③ 　きたるべき大学入学者の減少を前に
　　　　④ 　きたるべき離婚家庭の増大を前に

❷　① 　医療機器を中心に製造する機械メーカーです。
　　② 　きたるべき韓国の超高齢化社会を前に
　　③ 　老人をサポートする医療機器を製造販売します。
　　④ 　弊社の会社案内を同封いたします。

❸　　　　　　　　　　　特許権使用のお願い

拝啓　晩秋の候、貴社ますますご隆盛のこととお慶び申し上げます。
　さて、貴社が所有されているテレビ受像機ゴースト除去装置関連特許(韓国特許145307号)についてお尋ねいたします。
　弊社は韓国の電子機器部品メーカーで、テレビ、オーディオ関係の部品を主に製造いたしております(同封会社案内書をご参照ください)。このたび、貴社ご所有の上記特許を、弊社がテレビ部品を製造販売するために使用させていただきたく、お願い申し上げる次第でございます。
　ご多用中のところたいへん恐縮でございますが、下記の点についてお知らせいただければ幸甚に存じます。なにとぞよろしくお願い申し上げます。

取り急ぎ、書中をもってお願い申し上げます。

敬具

記

1. 特許の使用を原則的にお認めいただけるかどうか(貴社のご意向)。
2. お認めいただけるとした場合、どちらにご連絡をとって詳細を
ご相談申し上げればよいか(貴社あるいは、貴社特許韓国代理機関)。

以上

10 도착 물품 수량 부족 조회・회답　P.84-85

❶　1)　① さる10月1日付でソウル本社に転勤いたしました。
　　　　② さる3月31日付で退職いたしました。
　　　　③ さる6月7日付で発送いたしました。
　　　　④ さる2月21日付で組織を改編いたしました。

　　2)　① さっそく検査いたしましたところ、破損しておりました。
　　　　② さっそく確認いたしましたところ、到着しておりました。
　　　　③ さっそく電話いたしましたところ、帰宅しておりました。
　　　　④ さっそく調査いたしましたところ、登録しておりました。

　　3)　① 期待どおりベストセラーとなっております。
　　　　② 予想どおり冷夏となっております。
　　　　③ ご指示どおり防音設計となっております。
　　　　④ 設計図どおり250ミリとなっております。

❷　　　① さる11月1日付で注文いたしました。
　　　　② さっそく検品いたしました。
　　　　③ 注文いたしました数量より不足しておりました。
　　　　④ なにかの手違いかと存じます。

❸　　　　　　　　　納入品の数量不足について(照会)

拝啓　時下ますますご隆盛のこととお慶び申し上げます。平素は格別のご高配をたまわり、厚く
お礼申し上げます。
　さて、さる2月15日付で注文いたしましたホームベーカリーSS25、本日着荷いたしました。さっそく検品いたしましたところ、当社が注文いたしました数量より不足しておりました。納品書には注文どおり1500台となっておりますが、現品は500台不足しております。
　何かの手違いかと存じますが、至急ご調査のうえ、折り返し不足分をご送付くださるようお願い申し上げます。
　まずは、取り急ぎ納入品不足のご照会まで。

敬具

11 회사 설립 인사장　P.90-91

❶
1) ① かねてより貴社のご協力のもと、開発をいたしておりました。
　② かねてより政府の資金援助のもと、研究をいたしておりました。
　③ かねてより商店街のご協力のもと、建設をいたしておりました。
　④ かねてより両社の協力のもと、合弁協議をいたしておりました。

2) ① オンラインショッピング会社として再出発いたすことになりました。
　② 支店長として赴任いたすことになりました。
　③ 子会社として設立いたすことになりました。
　④ コーヒーショップとして開店いたすことになりました。

3) ① ひとえにお客様のご声援のおかげです。
　② ひとえに株主の皆様のご支持のおかげです。
　③ ひとえに政府のご協力のおかげです。
　④ ひとえに貴社のご援助のおかげです。

❷
① 設立準備をいたしておりました。
② 販売会社として発足いたすことになりました。
③ ひとえに皆様方のご支援のおかげです。
④ 誕生早々の会社でございます。

❸
　　　　　拝啓　時下ますますご清栄のこととお慶び申し上げます。

　さて、このたび10月1日をもちまして、コンピューターゲームソフト開発会社を設立いたすこととなりました。これもひとえに皆様のご支援のたまものと、心から感謝申し上げるしだいでございます。
　皆様のご期待におこたえできますよう全力を尽くす所存でございますので、なにとぞ、今後とも絶大なるご支援、ご協力を賜りますようよろしくお願い申し上げます。
　まずは、書中をもってご挨拶かたがたお願い申し上げます。

　　　　　　　　　　　　　　　　　　　　　　　　　　　　　　　　　　敬具

12 신제품 안내　P.96-97

❶
1) ① ゲーム製作技術を集大成した製品で、この10月1日に予約を開始いたしました。
　② バイオ技術を集大成した製品で、この10月1日に製造を開始いたしました。
　③ 職人のわざを集大成した製品で、この10月1日に製作を開始いたしました。
　④ ノウハウを集大成した製品で、この10月1日に注文受付を開始いたしました。

2) ① 価格引き下げを果たし、お客様のご支持をいただいています。
　② 軽量化を果たし、高い評価をいただいています。

③ 排出物低減を果たし、低公害車の認定をいただいています。
④ リストラを果たし、株式市場の評価をいただいています。

3) ① ご検討の上、ぜひご注文をたまわりますようお願い申し上げます。
② ご相談の上、ぜひご承諾をたまわりますようお願い申し上げます。
③ お打ち合わせの上、ぜひご連絡をたまわりますようお願い申し上げます。
④ お調べの上、ぜひご回答をたまわりますようお願い申し上げます。

❷ ① 当社の技術を集大成した製品です。
② 長時間運転にも疲れません。
③ 人間工学に基づいたデザインです。
④ 格段の性能向上を果たしました。

❸ 　　　　　　　　　　　　　新製品のご案内

拝啓　残暑の候、貴社ますますご盛栄のこととお慶び申し上げます。平素は格別のお引き立てをたまわり、厚くお礼申し上げます。

　さて、早速でございますが、弊社がこのたび発売いたしました新型の高性能コンパクトカメラM35をご紹介させていただきます。同製品は、従来品にくらべて生活防水機能追加、ボディ素材の高品質化を行ったにもかかわらず、価格は据え置くことに成功したもので、必ずやお客様にご満足いただけるものと確信いたしております。

　ここにカタログを同封いたしました。ご高覧のうえ、よろしくご検討たまわりたく存じます。必要でございましたら係の者がご説明に伺いますので、いつでもご用命のほどお願い申し上げます。

　まずはご案内かたがたご挨拶まで。

　　　　　　　　　　　　　　　　　　　　　　　　　　　　　　　　　　　　　　敬具

〈최신 수정판〉 필요할 때 골라 쓰는
OK! 비즈니스 일본어 문서작성

지은이 정형, 고이시 도시오
펴낸이 정규도
펴낸곳 (주)다락원

초판 1쇄 발행 2002년 9월 10일
초판 5쇄 발행 2007년 3월 2일
개정1판 1쇄 발행 2008년 3월 3일
개정1판 7쇄 발행 2023년 2월 24일

편집국장 김현자
책임편집 이경숙, 김자임
디자인 이수민, 오연주

다락원 경기도 파주시 문발로 211
내용문의: (02)736-2031 내선 460~465
구입문의: (02)736-2031 내선 250~252
Fax: (02)732-2037
출판등록 1977년 9월 16일 제406-2008-000007호

Copyright ⓒ 2008, 정형, 고이시 도시오

저자 및 출판사의 허락 없이 이 책의 일부 또는 전부를 무단 복제·전재·발췌할 수 없습니다. 구입 후 철회는 회사 내규에 부합하는 경우에 가능하므로 구입문의처에 문의하시기 바랍니다. 분실·파손 등에 따른 소비자 피해에 대해서는 공정거래위원회에서 고시한 소비자 분쟁 해결 기준에 따라 보상 가능합니다. 잘못된 책은 바꿔 드립니다.

값 9,000원

ISBN 978-89-5995-289-2 13730

http://www.darakwon.co.kr

- 다락원 홈페이지를 방문하시면 상세한 출판 정보와 함께 동영상강좌, MP3 자료 등 다양한 어학 정보를 얻으실 수 있습니다.
- 다락원 Cyber 어학원 내 〈일본어 공부방〉에서는 다양한 일본어 학습코너가 제공되고 있습니다.